Fórmulas discursivas

Ana Raquel Motta • Luciana Salgado
(organizadoras)

Alice Krieg-Planque • Conceição Fonseca-Silva
Dominique Maingueneau • Edvania Gomes da Silva
Fabiana Miqueletti • Fernanda Mussalim
Fernando Curtti Gibin • Marcela Franco Fossey
Roberto Leiser Baronas • Sírio Possenti • Sonia Lopes Benites

Fórmulas discursivas

editoracontexto

Capa
Gustavo S. Vilas Boas

Diagramação
Julio Portellada

Revisão
Daniela Marini Iwamoto

Dados Internacionais de Catalogação na Publicação (CIP)
(Câmara Brasileira do Livro, SP, Brasil)

Fórmulas discursivas / Ana Raquel Motta, Luciana
Salgado (organizadoras). – São Paulo: Contexto, 2011.

Vários autores.
ISBN 978-85-7244-639-6

1. Análise do discurso 2. Língua e linguagem
3. Linguística 4. Sociolinguística I. Motta, Ana Raquel
II. Salgado, Luciana.

11-02371 CDD-401.41

Índices para catálogo sistemático:
1. Análise do discurso: Linguística 401.41

2011

EDITORA CONTEXTO
Diretor editorial: *Jaime Pinsky*

Rua Dr. José Elias, 520 – Alto da Lapa
05083-030 – São Paulo – SP
PABX: (11) 3832 5838
contexto@editoracontexto.com.br
www.editoracontexto.com.br

Apresentação

O estudo de fórmulas tem uma larga tradição nas ciências humanas e reúne pesquisas sobre provérbios, ditados, máximas, *slogans*, bordões e divisas, para ficarmos apenas em alguns exemplos. Nos estudos da linguagem, tem-se considerado que são pontos de relativa "cristalização" da língua, isto é, segundo essa concepção, fazem parte do léxico de uma comunidade de falantes. A fórmula seria, portanto, uma espécie de síntese alcançada pela história da língua, síntese esta que teria levado um elemento polilexical a funcionar como um item do léxico. Aqui, vista da perspectiva discursiva de tradição francesa, a questão se desloca significativamente: essa síntese linguística supõe um território delimitado que, no entanto, vê suas fronteiras a todo tempo movimentadas – ameaçadas, estendidas, encolhidas, refeitas...

Se pensarmos que toda síntese recobre articulações forjando uma unidade complexa, heterogênea, híbrida, entenderemos que fórmulas como *slogans*, ditados e frases feitas, entre outras, embora possam parecer territórios de apaziguamento, são, ao contrário, posicionamentos que denunciam a rede de disputas em que se inserem e de que relevam. Trata-se de alvoroço, de efervescência.

Mesmo que se pense em termos de cristalização, não será o caso de ver aí algo imóvel ou imutável. Todo dizer é um movimento e, quando cristalizado, faz-se nó de uma rede – não um ponto final, não um ponto isolado, mas ponto nevrálgico, lugar estratégico na dinâmica histórica que o institui e salienta. E tal "saliência" tem a ver com as polêmicas em foco numa dada comunidade discursiva, com as crenças que as sustentam, com os discursos que as alimentam e que podem também transformá-las.

Assim é que toda fórmula discursiva comporta uma densidade histórica que se presentifica na sua circulação, apoiada em pré-construídos e voltada a novas construções.

Seguindo essa direção, inspiramo-nos na coletânea *Ethos discursivo*, também publicada pela Contexto, para reunir os textos aqui oferecidos. Agora, com base na noção de *fórmula discursiva* proposta por Alice Krieg-Planque, e nas noções de *destacabilidade*, *aforização* e *particitação* propostas por Dominique Maingueneau, pesquisadores brasileiros de diferentes universidades, participantes do Centro de Pesquisa *Fórmulas e estereótipos: teoria e análise – FEsTA* (com sede no IEL – Unicamp), apresentam análises que dialogam com esses conceitos, convocando outros autores, mobilizando outras noções, sempre com vistas a lançar luz sobre essas sínteses, que são tão sofisticadas quanto esclarecedoras dos jogos de poder na linguagem.

As organizadoras

Sumário

"Fórmulas" e "lugares discursivos": propostas para a análise do discurso político

Entrevista com *Alice Krieg-Planque*
por *Philippe Schepens*

Interessado no caminho seguido por Alice Krieg-Planque em seu livro *Purification ethnique: une formule et son histoire*, o Laseldi* pediu à autora que expusesse seus métodos e posições teóricas. Depois de haver situado a noção de "fórmula" e situado suas posições na continuidade de outros trabalhos sobre os discursos políticos, Krieg-Planque precisa algumas etapas dos percursos que lhe permitiram esse caminho. No plano metodológico, a ênfase é posta na constituição do *corpus*, por meio das questões relativas à filtragem dos dados e das possibilidades de contagem. Essas considerações levam a reflexões teóricas, especialmente sobre a importância do interdiscurso. Além da noção de "fórmula", a de "lugares discursivos" é exposta segundo uma concepção dos discursos muito atenta às materialidades e constitui uma proposta para quem quer apreender os discursos através das diferentes formas de cristalização que eles modelam e fazem circular. Nessa direção, a autora aborda também a questão da interdisciplinaridade e da maneira pela qual a Linguística e a Análise do Discurso podem, ou não, estar em contato com outras disciplinas (Ciências da Informação e da Comunicação, em particular). Enfim, em diversos pontos

* N. T.: Laboratoire de sémio-linguistique, didactique et informatique, ligado à Maison des Sciences de l'Homme Claude-Nicolas Ledoux, com contribuições a dois de seus polos de pesquisa: "Archives, Bases, *Corpus*" (polo 3) e "Transmissions, métissages, novations, utopies": "Cité réelle, Cité idéale: Représentations, Pratiques, Actions et Utopies" (polo 2).

da entrevista, Krieg-Planque propõe seguir na exploração de certas noções e objetos: a noção de "contradiscurso" (central segundo o pano de fundo bakhtiniano do trabalho), a noção de "interpretante razoável" (convocada para a constituição do *corpus*), a noção de "acontecimento de discurso" (constitutiva da dimensão reflexiva das fórmulas), a fórmula "desenvolvimento durável" (crucial nas questões políticas e sociais contemporâneas)...

Linguística e Comunicação

PS: Seu trabalho suscita, em nosso laboratório, muito interesse: ele se situa na Análise do Discurso, desenvolve um ponto de vista amplamente sustentado sobre um pano de fundo bakhtiniano, reunindo um *corpus* enorme, que se estende por um longo período; de nossa parte, começamos a nos perguntar como trabalhar com *corpora* eletrônicos de imprensa, que vêm se tornando cada vez mais disponíveis. Embora seus desenvolvimentos não cubram completamente esse domínio, eles têm para nós um papel precursor. Um dos problemas postos para a análise de *corpora* muito extensos é encontrar ao mesmo tempo o que vai filtrar os dados e o que vai exercer o papel de interpretante. Parece que você se empenha numa reflexão profunda sobre a noção de fórmula. Gostaria que retomasse as etapas metodológicas e as considerações epistemológicas que conduziram você a esta definição:

> Em um momento do debate público, uma sequência verbal, formalmente demarcável e relativamente estável do ponto de vista da descrição linguística que se pode fazer dela, põe-se a funcionar nos discursos produzidos no espaço público como uma sequência tão partilhada quanto problemática. Empregada em usos públicos que a investem de questões sociopolíticas por vezes contraditórias, essa sequência conhece, então, um regime discursivo que faz dela uma *fórmula*: um objeto descritível nas categorias da língua e cujo destino – ao mesmo tempo invasivo e continuamente questionado – no interior dos discursos é determinado pelas práticas linguageiras e pelo estado das relações de opinião e de poder em um momento dado no seio do espaço público. (Krieg-Planque, 2003: 14)

AKP: Antes de mais nada, eu gostaria de lhe agradecer pela iniciativa de fazer essa discussão, e registro meu apreço pela revista *Semen* e pelo Laseldi, por acolherem nosso debate.

O livro que publiquei pela CNRS Editions, com 523 páginas, é volumoso. Apesar disso, ele resulta apenas de dois dos seis capítulos da tese que defendi em 2000. Para a publicação em livro, não mantive o primeiro capítulo da tese, que se intitulava "A noção de fórmula: circunscrição do objeto e observações teóricas". Graças a essa amputação e outras, o livro é legível, bem centrado na análise da fórmula "purificação étnica" e sobre os resultados obtidos. Mas eu acho que certas ausências se fazem sentir. A entrevista de hoje me dá ocasião de precisar certos pontos do trabalho e eu lhe agradeço muito por isso. É sem dúvida graças aos cortes realizados que o livro pode ser bem acolhido por disciplinas e por revistas tão diversas: nas Ciências da Linguagem, certamente, mas também em Ciência Política, História, Sociologia, Ciências da Informação e da Comunicação, Estudos Balcânicos, igualmente, e mesmo nas revistas de debate e de ideias, já que a própria tese é claramente uma tese de Ciências da Linguagem. Mas é também por causa dessas supressões que esse copioso volume tem um gosto de quero mais: como costuma acontecer com os livros, aparece pouco o trabalho – que é tão saboroso! – feito "na cozinha".

Você acaba de ler a passagem na qual proponho uma caracterização da noção de fórmula. Recorri a ela para analisar um conjunto de discursos que se referem principalmente às guerras iugoslavas dos anos 1990, mas poderíamos também ver, dessa perspectiva, formulações como "direito de ingerência", "mundialização", "globalização", "choque de civilizações", "exclusão", "fratura social", "desenvolvimento sustentável", "comércio justo", "governo responsável", "patriotismo econômico"...

Para me valer dessa noção, eu me apoiei no trabalho de Jean-Pierre Faye sobre a fórmula "Estado total" e sobre as pesquisas de Pierre Fiala e Marianne Ebel, em particular sobre as fórmulas "Überfremdung" (influência e superpopulação estrangeiras) e "xenofobia", que se inscrevem explicitamente na perspectiva de Faye. Ao mesmo tempo, por definição, não posso dizer que empresto de Faye a noção de fórmula: o próprio projeto de Faye impede essa transferência. Jean-Pierre Faye tem por ambição colocar "a descoberto as condições da produção e da circulação das narrativas, e seu poder próprio" (Faye, 1973: 38), por meio do que ele chama de uma supernarrativa", isto é, "uma narrativa das narrativas" (no caso, trata-se de narrativas produzidas por ideólogos e atores políticos no período entreguerras italiano e, sobretudo, alemão). A supernarrativa, escreve Faye, é um "processo de conhecimento" (Faye, 1973: 27) "que leva em conta os 'fragmentos de narrativa' e os desarticula, articulando-os em um outro nível" (Faye, 1972). O projeto da supernarrativa tem por consequência que o pesquisador deve utilizar como metalinguagem os próprios termos de sua linguagem-objeto. Porque o projeto da supernarrativa carrega em si a ideia de que a história produz seus próprios conceitos, e que, por consequência, ela é sua própria metalinguagem: as palavras que pertencem às narrativas produzidas na história serão também as palavras utilizadas pelo historiador que fará a narrativa das narrativas. Se Faye fala de "a fórmula 'Estado total'", é porque o próprio Carl Schmitt falou de "fórmula" e porque Ernest Forsthoff havia dito: "O Estado total é uma fórmula". Faye escolheu, então, o termo "fórmula" fora de qualquer referência a uma metalinguagem científica e, bem ao contrário, porque se trata, ela própria, de uma palavra da linguagem-objeto. De minha parte, eu teria podido invocar o fato de que comentadores – Faye diria "narradores" – das guerras iugoslavas qualificam como "fórmula" as expressões "purificação étnica", "limpeza étnica" ou "depuração étnica". Mas isso teria constituído uma tentativa desoladora de mascaramento da distância que tomo – e tenho que tomar – em relação a Faye. Prefiro dizer que meu trabalho deve muito à obra heurística de Faye, que encontrei em boa hora, mas que, fundamentalmente, meu trabalho trai essa obra, felizmente.

PS: Essa traição não é gratuita. Ela visa introduzir o verificável, o "falseável", para usar uma palavra grandiloquente, ou mais simplesmente categorias de descrição mais estáveis.

AKP: De fato, a obra de Jean-Pierre Faye é a de um filósofo que tem em mãos a pena do poeta que ele também é em alguns momentos. A própria diagramação e a tipografia são partes integrantes de um trabalho singular do qual *Langages totalitaires* é a pedra angular, e do qual se encontram retomadas ainda vinte anos depois: *Le siècle des idéologies* (Faye, 1996a) e *Le langage meurtrier* (Faye, 1996b) (que é uma versão abreviada e revista de *Langages totalitaires*) testemunham, ao mesmo tempo, a escritura de Faye como estética da repetição e da retomada, e a dificuldade de Faye de avançar em algumas de suas proposições (Krieg-Planque, 2003).

Pierre Fiala e Marianne Ebel, desdobrando as ideias de Faye, de que são críticos familiarizados, introduziram na análise das fórmulas categorias úteis para a análise de discurso. Sua abordagem ajudou muito a precisar meu objeto, mesmo que, no fim das contas, eu tenha tido que me abastecer em outros lugares, no que se refere às categorias de análise às quais recorri. Pierre Fiala e Marianne Ebel têm um *corpus* e têm métodos (o que não fazia parte absolutamente dos propósitos de Faye). Eles procedem à análise de reformulações parafrásticas, seguem os rastros de neologismos etc., e, de uma forma geral, levam as realidades linguísticas a sério.

PS: Como eles conceberam a noção de fórmula, da qual você diz que é "inimprestável", e que, mesmo assim, eles põem em funcionamento?

AKP: P. Fiala e M. Ebel se interessam pelo emprego dos termos "Überfremdung" e "xenofobia" na Suíça francófona nas décadas de 1960 e 1970. O material sobre o qual trabalham é diversificado: textos legislativos, artigos publicados em dois jornais suíços francófonos, cartas de leitores dirigidas a esses jornais, textos sindicais, entrevistas com atores da política... A análise de Fiala e Ebel é particularmente centrada nas três campanhas de "votação" que, em 1970, 1974 e 1977, pediam aos cidadãos suíços que se pronunciassem pelo "sim" ou pelo "não" em relação a uma proposta de limitação da imigração. O objetivo dos autores é analisar, para além da diversidade das práticas linguageiras, as unidades lexicais "Überfremdung" e "xenofobia", na medida em que elas cristalizam temas sociopolíticos e assumem um funcionamento polêmico.

- A expressão "Überfremdung" (e suas diversas traduções) aparece bem antes das votações dos anos 1970. Encontra-se com todas as letras nos textos legislativos que gerem a Polícia dos Estrangeiros de 1917, 1919, 1921 e 1931. Mas é apenas nos anos 1960 que a expressão começa a se constituir em uma fórmula, isto é, a ser uma unidade que significa alguma coisa – mas não a mesma coisa – para todos, ao mesmo tempo em que se torna objeto de polêmicas. Um fato testemunha essa virada então operada pela expressão "Überfremdung": alguns, sem razão, atribuem a paternidade dessa palavra apenas ao movimento antiestrangeiros de James Schwarzenbach. Em outras palavras, foi apenas nos anos 1960 que a expressão ganhou notoriedade, constituindo o que chamo, de minha parte, um "acontecimento de discurso" (Fiala e Ebel, 1983: 14). Os debates que acompanham as votações dos anos 1970 marcam uma reativação, sob a forma de *slogan*, dessa expressão que remonta à Primeira Guerra Mundial. Os movimentos antiestrangeiros preconizam a "luta contra o Überfremdung". Reivindica-se o termo. Tenta-se defini-lo, para concluir daí que há ou não há "superpopulação estrangeira". É em face dessa primeira fórmula que se constitui a fórmula "xenofobia".
- "Xenofobia" e "xenófobo" são, de fato, utilizadas como termos de acusação aos partidários da luta contra a "superpopulação estrangeira".

> Elas visam "etiquetar os partidários das iniciativas antiestrangeiras, circunscrevê-las, condená-las de um ponto de vista moral, isolá-las politicamente" (Fiala e Ebel, 1983: 206). Nos debates que acompanham as votações, a acusação de xenofobia se constitui, escrevem P. Fiala e M. Ebel, "como referente social dominante, o que obrigou todo locutor, partidário ou adversário da iniciativa, a se posicionar em relação a ela. Nesse quadro, os partidários da iniciativa se encontram em posição de 'resposta' à acusação, e os discursos produzidos por eles só podem construir-se em torno da rejeição da fórmula. De fato, os adversários da iniciativa impuseram a asserção 'vocês são xenóbobos', que, designando-interpelando seus interlocutores, tomou a forma de uma acusação. Os partidários da iniciativa foram, assim, postos na situação de obrigar a defender-se" (Fiala e Ebel, 1983: 174).

PS: Fiala e Ebel insistem no fato de que uma fórmula é um referente social: dizendo que "Überfremdung" e "xenofobia" são referentes sociais, escrevem eles, "nós entendemos com isso que nos anos 1960-1980, todo leitor, individual ou coletivo, sabia ou pretendia saber o que 'significavam' essas fórmulas" (Fiala e Ebel, 1983: 173). Desse caráter de referente social da fórmula, Fiala e Ebel encontram manifestações na paráfrase e na circulação.

Enunciados parafrásticos como "Os estrangeiros são uma carga pesada para nossas instituições sociais" ou "Eles nos tomam nossas moradias" atestam, por exemplo, a existência de um tema que cristaliza a fórmula "Überfremdung". Durante as campanhas do referendo, os termos "Überfremdung" e "xenofobia", segundo os autores, "condensaram neles uma massa considerável de discursos, dos quais eles servem como equivalentes semânticos. Enunciar um ou outro era pôr em circulação significações múltiplas, contraditórias, que remetiam à existência de séries de enunciados parafrásticos, bem atestados, pelos quais os dois termos são definidos" (Fiala e Ebel, 1983: 177). Dizer das fórmulas que elas circulam é dizer que as pessoas falam delas, que seus lugares de surgimento se diversificam, que elas se tornam um objeto partilhado do debate. Ao lado da paráfrase, outro fenômeno chama a atenção dos autores: a "produtividade lexicológica" da fórmula. A palavra "xenófobo" dá lugar, de fato, a neologismos por derivação, tais como "xénophomatique" ["xenofomático"] ou "anti-xénophobe" ["antixenófobos"]. Esses fatos de neologia, escreve Fiala, "são significativos da circulação social da fórmula" (Fiala e Ebel, 1983: 176). Neologismos produzidos por lapso, como a palavra atestada "xénophone" ["xenófono"] também são índices de que a fórmula se tornou uma passagem obrigatória dos discursos: "O locutor em situação de polêmica é levado a se apossar de um lexema que não lhe é familiar, ou a criar um com base em um esquema familiar" (Robin, 1986: 126). Criações voluntárias ou não, as proliferações lexicais da fórmula testemunham sua circulação no corpo social. Pude observar isso a propósito da fórmula "purificação étnica", como qualquer um confirmará estudando outra fórmula (por exemplo, o estudo de "mundialização" leva a encontrar "macdonaldização", e o de "fratura social", a encontrar "fratura numérica").

A importância dada por Fiala e Ebel à noção de circulação, em detrimento (o que não significa exclusão) da noção de produção, é uma questão de interesse maior em seu trabalho. Mostrando que, além da diversidade das práticas linguageiras, e a despeito da evidente heterogeneidade dos discursos, fórmulas circulam e se impõem a todos com um sentido, ou, antes, com sentidos que são determinados por outros, eles invalidam a ideia de que os discursos são fechados sobre si mesmos. Através das noções de "referente social" e de "circulação", Fiala e Ebel contribuem com o que Régine Robin chama de "um dos grandes deslocamentos da Análise do Discurso" (Fiala e Ebel, 1977): o deslocamento que começa a se operar no final dos anos 1970 e que consistiu em descompactar as formações discursivas, em pensá-las como abertas, permeáveis, heterogêneas. Um dos responsáveis por esse grande deslocamento, Jean-Jacques Courtine, já sublinhou a importância das proposições de Fiala e Ebel nesse contexto. Comentando um trabalho anterior de Fiala e Ebel (Courtine, 1981: 32), Courtine diz que as noções de "circulação", de "fórmula" e de "referente social" "têm o interesse de tornar claro que os discursos produzidos a partir de posições ideológicas contraditórias não constituem entidades separadas, mas permanecem em contato pela circulação e pela troca de 'fórmulas' cujas condições importa definir a partir de uma pluralidade heterogênea de condições de produção" (Courtine, 1981: 32). Tentei mostrar o excelente fundamento de uma tal descompactação das formações discursivas, o que contribui para o "pano de fundo bakhtiniano" de meu trabalho que você muito bem sublinhava. Por exemplo, nos anos 1980, os discursos das autoridades comunistas iugoslavas e dos nacionalistas sérvios, de um lado, e os discursos dos nacionalistas albaneses, de outro, que são profundamente antagonistas em sua visão político-ideológica do mundo, permanecem em contato e dialogam por meio da "protofórmula" (o sintagma adjetival "etnicamente puro", pelo qual eles se acusam mutuamente), que é, de certo modo, um "terceiro simbolizante"* que catalisa o desacordo – e que torna possível sua manifestação discursiva.

Se Jean-Jacques Courtine via uma "vantagem" nas noções propostas por P. Fiala e M. Ebel, ele via nelas também um "risco". Esse risco, Fiala e Ebel neutralizaram em seguida. Courtine temia que o postulado da homogeneidade, esvaziado com a noção de circulação, voltasse escamoteado, à revelia dos autores, impregnado na noção de referente social, suscetível, segundo Courtine, de induzir "uma concepção hegemônica da circulação das fórmulas no seio de um 'mercado da troca discursiva' que se confunde com o mercado da troca monetária e no qual as 'fórmulas', como moedas passando de mão em mão, receberiam o mesmo valor" (Fiala e Ebel, 1983: 174). Mas P. Fiala e M. Ebel sustentam uma concepção contextual do sentido, e insistem nisso: se há de fato um significante comum em circulação (a coroa da "moeda", para retomar a metáfora de Courtine), o significado (no caso, a cara) está em perpétua redefinição, em razão mesmo de sua circulação. Nem todos inscrevem a mesma coisa no lado cara da fórmula, e é exatamente por essa razão que essa é a questão central nos debates. O que caracteriza a fórmula como referente social não é que ela seja unanimidade (já que, bem ao contrário, ela não produz consenso), mas é que ela representa, num momento dado, uma passagem obrigatória. A noção de referente social, explicam Fiala e Ebel, "não exprime de forma alguma a homogeneidade. Ela exprime o fato de que, em determinado estado das relações entre as forças sociais, surgem fórmulas na linguagem em relação às quais o conjunto de forças sociais e o conjunto dos locutores são constrangidos a tomar posições, a defini-las, a combatê-las ou a aprová-las, mas, em qualquer caso, a fazê-las circular de uma maneira ou de outra" (Faye, 1972: 41).

PS: As considerações epistemológicas que conduziram você a essa definição de "fórmula" estão se desenhando. De fato, encontramos no trabalho de Fiala e Ebel, tal como você o apresenta, ideias que são essenciais também para você.

---

* N.T.: Propomos aqui uma breve nota sobre a noção de *tiers symbolisant* [terceiro simbolizante] formulada por Louis Quéré. Em sua interpretação habermasiana do *Lebenswelt*, o autor propõe o conceito de *terceiro simbolizante* para referir algo como um plano normativo e representativo em que se baseia toda comunicação. Quéré diz que a comunicação se dá no cruzamento de dois planos – o da mensagem e o da metamensagem; a enunciação contém, então, um enunciado proposicional e um enunciado que define a relação interpessoal posta em jogo. Ocorre, porém, que o ato comunicativo não se define completamente nesses dois planos: há uma reflexividade que se desdobra do *tiers symbolisant*, elemento que permite a conjunção dos dois planos. Assim, o *tiers symbolisant* é uma elaboração coletiva e permanente em toda atividade comunicacional.

AKP: Sim, no que se refere ao quadro teórico global, não há dúvida. Assim como é nítido que meu trabalho se alimenta das reflexões políticas, intelectuais e acadêmicas dos anos 1975-1985 (que fui descobrindo também aí, nas glosas retrospectivas, já que nasci depois de 1968). Em compensação, eu quis conferir maior precisão a certas categorias – como de forma geral eu quis proceder com muito mais radicalidade em todas as direções, quando isso era possível. Por exemplo, procedi a medidas estatísticas das ocorrências da fórmula, medidas que não foram feitas no estudo de Fiala e Ebel (o que é surpreendente quando se conhece a fineza erudita com que Fiala faz uso hoje dos instrumentos informatizados para a análise dos dados textuais). Ou, ainda, observei com interesse – mas para não retomá-lo – o modo como Fiala e Ebel se dedicavam a pôr em evidência o caráter polêmico da fórmula "xenofobia". Eles utilizavam a distinção "de re" e "de dicto". Em minha pesquisa, é, mais amplamente, o caráter problemático (e não somente polêmico) que merece atenção. A dupla "de re"/"de dicto" desaparece, então, em favor de categorias inspiradas nas que Jacqueline Authier-Revuz propõe para pôr à luz as representações da heterogeneidade enunciativa.

Eis como Fiala e Ebel procederam. De um *corpus* de cartas de leitores, eles extraíram os enunciados que continham as palavras "xenófobo" ou "xenofobia" (bem como certas expressões consideradas equivalentes nesse contexto, tais como "racista" ou "ser contra os estrangeiros"), e as classificavam em duas séries: a série dos enunciados que podem ser interpretados como tendo um valor "de re" e a dos enunciados que podem ser interpretados como tendo um valor "de dicto".

- À primeira série pertencem enunciados como "Nem todos os partidários da iniciativa Schwarzenbach são necessariamente xenófobos" ou "Eu os acho todos agradáveis [os estrangeiros] e não sou xenófobo". A resposta à acusação de "xenofobia" tem, então, o modo de rejeição da predicação.
- À segunda série ("de dicto") pertencem enunciados como "A palavra da moda para catalogar todos os que criticam os estrangeiros de uma forma ou de outra, virulenta ou não, é 'xenófobo'. Eu não estou de acordo com esta qualificação". Ou "Não temos o direito de emitir a menor crítica sem ser tachados de racistas ou de xenófobos!". A resposta à acusação de "xenofobia" tem aqui o modo de uma contestação à própria palavra e, especialmente, é uma contestação feita a esta última pelos "antixenófobos".

Para Fiala e Ebel, a noção de fórmula mantém um laço necessário com a existência de enunciados com valor "de dicto": com o desenvolvimento da fórmula, os enunciados com valor "de dicto" se multiplicam, e os atores do espaço público começam a discutir sobre a própria palavra. Pode-se formular a hipótese – e foi a este viés que me dediquei intensamente em meu estudo da fórmula "purificação étnica" – de que a análise dessas "discussões" sobre a própria palavra é um meio privilegiado de compreender por que e como uma sequência verbal se torna uma fórmula. No entanto, as categorias "de re"/"de dicto" pareciam insuficientes para tal empreendimento de compreensão. Versões medievais da transparência e da opacidade, essas categorias têm o inconveniente de serem muito rudimentares do ponto de vista da Análise do Discurso. Saídas da tradição filosófico-lógica, elas se destinam a descrever as ambiguidades referenciais e certos paradoxos ("Felipe crê que a capital de Honduras fica na Nicarágua") e, em seguida, a dar conta da ambiguidade do discurso indireto ("Édipo dizia que sua mãe era bela"). Mas essas categorias estão longe de dar conta da relação do enunciador com as palavras que ele utiliza. Ora, é precisamente essa relação complexa que se deve destrinchar quando se tenta esclarecer a maneira pela qual os locutores tomam posição em relação às palavras postas no centro de um debate público.

Retomemos as frases: "A palavra da moda para catalogar todos os que criticam os estrangeiros de uma forma ou de outra, virulenta ou não, é 'xenófobo'. Eu não estou de acordo com esta qualificação". Se é verdade que esse enunciado decorre globalmente do modo "de dicto", merece ser analisado detalhadamente. Porque representa ao mesmo tempo uma enunciação do caráter estereotípico e profuso da palavra "xenófobo" (é uma palavra da moda, uma palavra do discurso corrente, uma palavra do "como se diz"), é, por isso, um enunciado que testemunha o caráter circulante da fórmula em um momento dado no espaço público, e um questionamento sobre a adequação dessa palavra ao que ela designa (é uma palavra que simplifica a complexidade do real e que, por essa razão, não se pode aceitar), é, por isso, um comentário que testemunha um dos diversos aspectos do caráter problemático dessa fórmula. Enunciados postos em destaque por Fiala e Ebel alimentariam tais registros. Para a primeira (palavra caracterizada como profusa, tendente a constituir-se como "acontecimento de discurso", seguindo minhas categorias): "O adjetivo xenófobo, que há quatro anos se empregava com alguma prudência, agora [em 1974] se impôs". Para a segunda (palavra caracterizada como inadequada ao real): "O problema é complexo; então, que não se empregue mais o termo xenófobo para aqueles que veem na iniciativa uma tentativa de resolver a situação".

Levar em conta tais enunciados para disso tirar conclusões sobre certo estado de tensão vocabular no campo político e social supõe, é claro, que se leve a sério o que os locutores dizem. Fiala e Ebel faziam isso no princípio, mas não com suficiente precisão, conforme minhas necessidades. Para refinar as categorias da descrição, eu me apoiei em particular nas propostas de Jacqueline Authier-Revuz sobre as formas e os campos de representação da heterogeneidade enunciativa.[1] Outras leituras também me salvaram do atoleiro a que minha travessia pelos discursos estava destinada (porque não sou, absolutamente, linguista de formação): os trabalhos de Josette Rey-Debove sobre a metalinguagem e sobre autonímia, os de Catherine Fuchs sobre a paráfrase e a reformulação, os de Georges Kleiber sobre a denominação e a designação... Seguramente, tive que adaptar as categorias a meu *corpus* e a minha perspectiva, que é a de uma Análise do Discurso ligada às outras ciências humanas e sociais, mais do que a uma Linguística da língua em sentido estrito. Mas encontrei junto aos linguistas esse rigor obsessivo que nos leva a ser intrépidos. Foi assim que pude – pelo menos é o que eu espero – detalhar os diferentes modos pelos quais os locutores "apostrófam" a fórmula "purificação étnica", foi assim que pude enveredar pela análise do território da enunciação política e pelo terreno do que dizem realmente, numa diversidade imprevisível, os locutores.

PS: Há, parece, um segundo elemento em sua pesquisa, próximo da noção de fórmula e, no entanto, diferente: *lugares discursivos*. Os protagonistas da guerra que dilacerou a ex-Iugoslávia, bem como os observadores dessa dilaceração, parecem não ter podido interpretar os acontecimentos fora das narrativas de caráter quase mitológico (o *Memorandum* sérvio, *A declaração islâmica* de Izetbogovic...). Por outro lado, se o presente da guerra é apresentado através do prisma deformante desse tipo de narrativa, o futuro parece não poder ser discutido sem o recurso a fórmulas que se apresentam como palavras de ordem agora ("nunca mais isso", "não acrescentar mais guerra à guerra"). Para os observadores da guerra, há dificuldades em estabilizar os *designantes* pertinentes ("os muçulmanos bósnios", "os muçulmanos da Bósnia", "os muçulmanos da Bósnia-Herzegovina", "os bósnio-sérvios" etc.), ou como o debate se cristaliza sobre esses designantes julgados inadequados ("beligerantes", "Comunidade Internacional"). Em outras palavras, em seu método, você parece levada a "colorir" sem cessar as zonas de fixação discursivas (lugares, palavras de ordem, designantes), bem como as próprias condições fenomenológicas da dinâmica interdiscursiva. Poderia retomar as considerações epistemológicas que a guiaram nisso que eu chamo – talvez impropriamente? – de trabalho de "coloração" das zonas de cristalização discursiva?

AKP: Não sei se poderia usar por minha conta a palavra "coloração", mas isso acentua uma coisa importante: a demarcação desses lugares está condicionada a uma frequentação assídua do mapa mudo.* Para os leitores de *Semen* que não leram meu livro, pode ser útil relembrar o que entendo por "lugares discursivos". No plano formal, eles podem ser textos (ou, mais frequentemente, o que há neles, como o título, por exemplo), unidades lexicais simples ou complexas (aqui estamos nas categorias lexicológicas "clássicas", por assim dizer), associações léxico-sintáticas (por exemplo, a associação "não poder dizer que sabe", realizada em formulações como "Não podemos dizer que não sabemos" ou "não se pode dizer, no entanto, como há cinquenta anos: 'A gente não sabia'"), ou, eventualmente, datas (por exemplo, 28 de junho – de diferentes anos – é convocado como elemento articulador em muitas narrações da história iugoslava), ou números (fui levada a destacar o número 200.000, que se encontra em diversos pontos da narrativa da história iugoslava). No plano de suas funções no discurso, esses lugares discursivos podem fazer o papel de textos-chave, de provas autentificadoras, de índices de historicidade, de *slogans*, de palavras de ordem, de designantes ou, ainda, de fórmulas. É assim que uma fórmula é vista como uma categoria particular de lugar discursivo. Assim é que é possível apoiar-se na noção de lugar discursivo para fazer a análise do que se chama comumente de "pequenas frases" (como a de Mitterrand, em 1982, que você evocou – "acrescentar mais guerra à guerra não resolve nada" – e que eu de fato estudei), um canteiro de trabalho apaixonante e que me encoraja a percorrer, ao mesmo tempo, a vida política e os funcionamentos midiáticos.

Além da variedade de suas formas e de suas funções, esses lugares discursivos me interessam por duas razões distintas. Por um lado, eles testemunham o modo como os autores aí se situam para proferir um discurso (sobre as guerras iugoslavas ou sobre qualquer outro assunto). Para organizar suas falas, os comentadores se valem de marcas materiais (que relevam de uma materialidade discursiva), de pontos de ancoragem que partilham com outros locutores, mas que eles investem de uma maneira que lhes é própria (o que faz a especificidade

* N.T.: *Mapa mudo* ou *fundo de carta* (*fond de carte*, no original) é um tipo de mapa que não fornece informações do lugar que representa, é um mapa "em branco" que tem finalidade didática, isto é, permite que nele se assinalem elementos geográficos ou que se criem novos mapas sobre essa "base".

de sua posição político-ideológica ou partidária). Os lugares discursivos são, de fato, materialidades nas quais os comentadores se apoiam para atribuir posições, a si mesmos e aos outros, os lugares pelos quais os locutores circulam, imprimindo sua marca de passagem (sob a forma de uma mudança semântica e/ou referencial, e também de derivação, de comutação, de inserção...), mas ao mesmo tempo deixando-os suficientemente intactos para que outros, por sua vez, possam reconhecê-los e neles ocupar seu lugar. São, então, os próprios locutores que fazem o trabalho de "coloração" que você mencionou. Resta ao pesquisador assinalar esse colorido no terreno do *corpus* e, antes de mais nada, avaliar se ele lhe interessa.

Porque, por outro lado, os lugares discursivos constituem uma escolha teórica e de método por parte do pesquisador. Quero dizer com isso que, se os lugares discursivos existem, é também porque o pesquisador escolhe considerá-los como fatos esclarecedores. Jean-Pierre Faye pretendia "pegar ao vivo a circulação dos significantes" (Krieg-Planque, 2004: 64) (que ele opunha aos "conteúdos"). Aí também eu penso, num certo sentido, que me encontro no projeto de Faye. Trata-se de fazer a escolha de um modo de selecionar *corpora* pelas materialidades que os comentadores tomam emprestado para pôr em ordem discursivamente sua visão do mundo. Procura-se assinalar os "grãos" que se formam no universo discursivo, e depois apreender as questões pelas quais eles são habitados contraditoriamente. Essa assinalação supõe um tipo de trabalho de *corpus* que é, antes de mais nada, uma atividade de frequentação dos enunciados, em suma, um trabalho que é uma prática de *leitura*.

PS: Se bem entendo, a noção de "lugares discursivos" se apoia em vários dos conceitos que são centrais na sua teoria do discurso. No entanto, no seu livro, o capítulo sobre os lugares discursivos é apresentado como um capítulo que apenas "introduz" o estudo da própria fórmula "purificação étnica". Como conceber esse conjunto complexo?

AKP: De fato, a pesquisa sobre os lugares discursivos não é dissociável de outros aspectos do trabalho: de um lado, do que concerne aos acontecimentos e aos períodos da midiatização das guerras iugoslavas; de outro, do que recai mais essencialmente sobre a própria fórmula "purificação étnica".

No livro, a primeira parte se chama "A fórmula e seus contextos: os discursos sobre a guerra iugoslava". Nela, lê-se uma análise dos acontecimentos e dos períodos que marcam a midiatização do conflito, considerado como substrato acontecimental do percurso da fórmula. Depois, há o capítulo sobre os "lugares discursivos", lugares discursivos que concebo como a trama léxico-discursiva da fórmula. Toda essa primeira parte se destina a possibilitar a leitura da segunda parte, que é consagrada à análise da fórmula "purificação étnica" propriamente dita.

Para explicar esse plano pouco acadêmico, a saída mais simples é que eu diga como, um tanto biograficamente (no fundo, estamos todos sempre lá...), as coisas se passaram. Vou assumir o risco de justificar "a ciência" pela biografia. Isso tornará minha exposição mais clara e, no fim das contas, essa "ego-história" estará bem de acordo com o que eu penso ser a pesquisa.

No início (eu me situo em 1994, quando comecei minha tese), eu só me interessava pela própria formulação "purificação étnica". Eu me inscrevia, então, na perspectiva de uma lexicologia sociopolítica muito estreita, antes de frequentar o curso de Jacqueline Authier-Revuz, que me tornaria atenta às aspas que enquadravam essa expressão e, mais amplamente, às glosas de modalização autonímica das quais frequentemente "purificação étnica" era acompanhada. Tratava-se, "simplesmente", no começo, de seguir um signo e as múltiplas complicações que ele claramente impunha a seus utilizadores. Mas, à medida que tentava progredir nessa via, era confrontada com a realidade do contexto de discurso pelo qual a fórmula "purificação étnica", apesar de seu poder intrínseco considerável, é em parte determinada. Assim, fui levada a estabelecer uma periodização de discursos midiáticos que se relacionavam ao espaço iugoslavo de 1980 a 1995, incluindo aí tarefas de análise de conteúdo (medida do espaço consagrado à Iugoslávia durante quinze anos, em dois semanários de informação geral; destaque das "primeiras páginas" destinadas ao assunto etc.). Dessa necessária colocação em contexto (mas no sentido em que o discurso é ele mesmo seu próprio contexto, e não no sentido em que o extradiscursivo seria o contexto do discurso) nasceram os que são agora os capítulos da primeira parte do livro: "Acontecimentos e períodos: os discursos sobre a guerra iugoslava" e "Sobre os lugares discursivos: a trama léxico-discursiva do percurso da fórmula". Desenvolvi essas duas frentes até o final, um pouco como no caso de se tratar de duas pequenas teses em uma tese maior. Ambas parecem muito esclarecedoras para a compreensão da própria fórmula. Por exemplo, a análise dos discursos que se referiam ao acontecimento "descoberta das violações sistemáticas" (inverno de 1992-1993) e o estudo da própria construção desse acontecimento permitem observar como a fórmula "purificação étnica" se encontra investida de significações novas (o crime de filiação, conjeturas sobre a contaminação da ascendência e da descendência, considerações sobre a identidade muçulmana dos bósnios, sobre o lugar do "filho do inimigo" na comunidade...), já que até aqui a fórmula era muito marcada pelo acontecimento precedente: o da "descoberta dos campos sérvios na Bósnia", que, em agosto de 1992, havia desencadeado o aparecimento da fórmula "purificação étnica", ao mesmo tempo em que remetia a referência ao nazismo e a uma lógica de exterminação física.

Graças especialmente a esses dados marginais – que nem deveriam ter existido – é que esse trabalho, embora sendo claramente uma pesquisa em Análise de Discurso, não é em nada "desrealizante" ou "descontextualizada" ou "nominalista" ou "logocentrada"... termos que certos colegas de outras disciplinas às vezes jogam na cara dos que se interessam pela linguagem. Aqui, o reconhecimento pleno e total dos fatos de discurso milita em favor de um reconhecimento do real histórico e humano.

PS: A epistemologia de seu livro se situa em Análise do Discurso. Mas, além disso, você se interessa de perto pela mídia, seu livro aparece na coleção "Communications", e você leciona atualmente em um departamento de Comunicação Política e Pública. Como você vê o lugar desse trabalho nas Ciências da Informação e da Comunicação, ou nos estudos da mídia?

AKP: O lugar em geral, eu não saberia dizer... Simplesmente percebo que consegui não responder àquilo que, a meu ver, é uma das grandes questões aporéticas no estudo da mídia: a questão da "imagem de" ou da "representação de" (a imagem da China, do terrorismo, da Córsega, dos grevistas da Michelin, do Tour de France ciclista, de Chirac, das biotecnologias...). Em Ciências da Informação e da Comunicação, alguns estudantes se voltam para a Semiologia, a Semiótica, as Ciências da Linguagem, a Análise do Discurso etc., com a ideia de que abordagens dessa natureza vão permitir que se descreva a maneira pela qual a mídia "trata os acontecimentos", mostrar como a mídia dá mais ou menos conta do real, talvez o "reflita" ou o "deforme" mais ou menos, é mais ou menos "neutra" ou "objetiva". É preciso sair desse tipo de questionamento, que é tão pouco ou tão mal problematizado, que manifesta, em geral, uma grande indigência teórica, e cujas respostas só podem decepcionar. Para superar isso, ou seja, para sair disso, é preciso tomar o próprio discurso como objeto, e assumir essa posição até o fim. Fazendo isso, opera-se uma renúncia; não chega a ser *dar uma volta*, mas talvez fazer um contorno hábil ou, digamos, uma audaciosa e astuta mudança de abordagem. Porque, afinal, trata-se de abandonar o real no seu aspecto inexistente (sua imagem, que não existe em nenhum lugar – ou que pode ser tomada apenas como o real da imagem) para dar conta dele por meio de uma abordagem consistente (o discurso que o constitui). Caso se aceite tomar o discurso como objeto, é exatamente o real que se encontra no fim do percurso, já que os discursos são uma matéria constitutiva do real.

De minha parte, não respondi de forma alguma a uma pergunta que seria sobre a "imagem das guerras iugoslavas na imprensa francesa" ou sobre "a representação da Iugoslávia na imprensa francesa de 1980 a 1994". No entanto, fazendo uma descrição minuciosa do que foi dito e escrito sobre o espaço geopolítico e sobre essas guerras – mas que é uma descrição voluntariamente orientada para os objetos encontrados no caminho da leitura –, digo alguma coisa sobre a maneira como esse espaço e essas guerras são representadas e postas em narrativa. Expressei minhas distâncias em relação ao projeto de Faye. Mas eu posso uma vez mais sublinhar o que nele me concerne. Faye empreende, por meio da supernarrativa, um "processo de conhecimento", como escreveu. Já eu, creio na possibilidade de um processo de conhecimento que se opera pelo estabelecimento e a ordenação de fatos do discurso. Trata-se de uma das formas que a Análise do Discurso pode assumir.

A articulação com as Ciências da Informação e da Comunicação pode se dar de diferentes maneiras. Por exemplo, se eu me detiver num dos domínios aos quais nossa equipe do Céditec tem se dedicado, podemos imaginar que a Análise do Discurso contribui para o estudo das práticas profissionais de comunicação. De fato, podemos definir a comunicação como a antecipação das práticas de retomada, de transformação e de reformulação dos enunciados e de seus conteúdos: elaborar "elementos de linguagem", ater-se, em seus propósitos, aos termos que funcionam como marcadores de formação discursiva, considerar a palavra nos momentos e formatos reiterados na mídia e/ou pelos interlocutores, criar e integrar fragmentos de enunciados facilmente destacáveis sob a forma de citações palavra por palavra ou de pequenas frases, incorporar em seu próprio discurso ou no preenchimento de formulários (indicadores, fichas, maquetes, licitações, contratos...) elementos do léxico institucional esperado... Com essa definição, a compreensão do trabalho dos comunicadores (ou dos que, sem estar investidos dessa missão, devem integrar a função comunicativa em suas atividades) passa necessariamente, em parte, por uma análise discursiva.

Método e campo de estudo

PS: No que diz respeito à contagem, com o que isso aí supõe de restrições formais, todo um novo panorama de trabalho vem remodelar ou, pelo menos, refinar a noção inicial de fórmula: a gente percebe que o que você considera como fórmula é, na realidade, *um conjunto de variantes*; a gente vê que as variações parecem regradas ou pelo menos restringidas pelas disposições e restrições derivacionais – quer dizer, propriamente linguísticas – das bases lexicais, que a noção de frequência não se basta, mas que uma sequência verbal não se torna uma fórmula senão quando sua referência é discursiva, e não "mundana" (como é o caso do termo "avalanche", que não manifesta uma fórmula mesmo se o encontramos com certa frequência, na medida em que ele é utilizado por jornalistas para referir uma efetiva catástrofe natural conjuntural).

Você poderia explicar, em linhas gerais, que tipo de contagem fez, em que restrições esbarrou, quais obstáculos epistemológicos foi preciso evitar e a que resultados mais amplos chegou?

AKP: A questão da demarcação e da contagem das ocorrências da fórmula é fascinante (foi assim no caso de "purificação étnica"; assim será no caso de outras fórmulas), pois essa questão retoma – se é que se pretendeu esvaziá-la – a questão do papel da interpretação na construção do *corpus*. Ela mostra que, desde o início do trabalho, precisam entrar em ação a interpretação e a inteligência humana para tratar os dados.

A fórmula "purificação étnica" reúne, como você assinalou, um conjunto de variantes: "purificação étnica", "limpeza étnica" "depuração étnica", "etnicamente puro", "etnicamente puras", "pureza étnica", "limpadores étnicos", "impurezas étnicas", "depuraram etnicamente", "teriam etnicamente purificado"... Cito aqui as variantes que associam um elemento do campo derivacional dos radicais "pur-" e "limp-" ou "depur-" e um derivado de "etnic-". Mas é preciso, ainda, acrescentar as que são constituídas por um só termo: certamente "purificação", "limpeza", "depuração", mas também, por exemplo, "pureza", "limpador" ou "puro" (incluindo as devidas concordâncias de gênero e número). Eu não fiz a lematização. No total, são 136 variantes distintas no conjunto do *corpus* (e a lista está aberta a novas variantes, que podem aparecer em outros textos e/ou em outros periódicos, sobretudo se levarmos em conta as formas flexionadas dos verbos). Às formulas que acabo de enumerar, acrescentaria os desdobramentos da fórmula por meio dos quais são criadas novas chamadas ("purificação ideológica", "limpeza étnico-culinária", "depuração cultural", "limpeza do clã"...).

A lista das formulações que podemos pôr em relevo é vasta. Mas não é porque não importa que ocorrência e em que contexto aparece o verbo "purificar", ou o substantivo "limpeza", ou o adjetivo "puro"... Não se pode considerar qualquer aparição desses termos como ocorrência da fórmula! Eis que surge aí – e com que barulho! – a questão que se põe ao analista, este que, no entanto, gostaria de ter controle da contagem das ocorrências da fórmula (o que me parece necessário no caso de um estudo em que a entrada lexical é o aspecto central). Estamos, aqui, frente a um dos aspectos da filtragem dos dados de que você falava na sua pergunta. Os critérios estritamente formais podem não ser suficientes, pois uma dada forma, num dado emprego, remete à fórmula ("As milícias depuram Mostar"), em outro, não remete ("As filiais do Crédit lyonnais depuram suas contas"). Também não podemos filtrar os dados em função de critérios temáticos ligados ao assunto do artigo, pois não só todas as ocorrências de uma forma no contexto temático "Iugoslávia" não remetem razoavelmente à fórmula (por exemplo, "O plano de partilha da Bósnia será submetido a um acordo puramente formal" ou "Para tratar as águas utilizadas, a Iugoslávia só tem uma estação de depuração de porte"), como também, e sobretudo, o estudo implica que demarquemos a propagação em quadros não-iugoslavos e, em consequência, que retenhamos os aparecimentos da fórmula em contextos em que ela refere, por exemplo, a reconquista da Irlanda por Cromwell em 1649; a situação de Nouba, no Sudão; os atos racistas cometidos na França e muitos outros acontecimentos bastante variados, uma vez que os locutores testemunham com isso coisas imprevisíveis (por exemplo, fala-se de "purificação étnica da população de surdos" na França ou, ainda, vemos aparecer a expressão "limpeza linguística" a propósito da lei Toubon sobre a língua francesa). Somos levados, assim, a dizer que uma ocorrência da fórmula "purificação étnica" é uma unidade lexical simples ou complexa que, afirmada no contexto de um dado enunciado, remete à fórmula segundo uma interpretação razoável desse enunciado. Isso tem uma incidência sobre o uso que podemos fazer da informática. Eu me vi confrontada com isso quando quis utilizar o CD-ROM do *Le Monde* (o único jornal digitalizado à época em que eu construía o *corpus*, mas as coisas mudaram consideravelmente desde então): com a definição que propus para fórmula, eu me vi com milhares de artigos selecionados, pois bastava que o artigo contivesse pelo menos uma vez não importa que termo derivado de "pur-", "limp" ou "depur-" (mas eu não podia fazer menos, seguindo minha concepção da fórmula e do discurso).

Em seguida, li todos os artigos (que exportei e pus em formato texto, em Word) e retive os que pareciam conter o termo marcado pelo computador segundo os critérios formais remetessem à formula, de acordo com uma interpretação razoável do enunciado. O mais eficaz, no fim das contas, é ler tudo, como eu tinha feito com as coleções integrais do *Nouvel Observateur* ou do *L'Express*, incluindo as rubricas moda e decoração. Pude, com isso, revelar o conjunto de propagações e de desdobramentos, e atestar a circulação da fórmula em contextos que eu nunca teria imaginado. Dito isso, eu reconheço que essa maneira de trabalhar, por mais interessante que seja no plano intelectual e científico, levanta a questão do tempo que podemos consagrar ao trabalho. Digo ainda que (porque eu não gostaria que minhas propostas fossem recebidas como uma acusação, num sistema da pesquisa universitária francesa que é culpabilizante e injusto a esse ponto) essa questão do tempo não é só um dado da natureza (no sentido de que, haja o que houver, o dia tem só 24 horas), nem apenas uma questão individual (cada um tem suas restrições individuais e sua energia produtiva), é também uma questão institucional. A instituição dá cada vez menos tempo aos que dão a ela existência, aos que a vivificam, e que, no fim das contas, são supostamente os encarregados de cumprir as promessas que ela faz.

PS: Você acabou de usar em várias passagens a expressão "interpretação razoável". Você a usou por usar ou se trata de uma noção?

AKP: Não, eu não usei essa expressão sem rigor; trata-se de fato de uma noção. Mas não tive ocasião, no livro, de desenvolver esse tópico. Então emprego furtivamente a noção de "interpretante razoável" num artigo – publicado pela *Semem* 22 – sobre a questão da identificação de um segmento glosado por um comentário metadiscursivo. Fui levada a propor a noção de "interpretante razoável" na tese, precisamente no quadro da questão que acabo de evocar: a da identificação de um objeto discursivo e precisamente a da identificação da presença de uma fórmula através das ocorrências de unidades lexicais. Uma pessoa que estudasse a fórmula "desenvolvimento sustentável" enfrentaria a mesma interrogação: até onde essa fórmula está presente em tal ou qual ocorrência do adjetivo "sustentável", do verbo "sustentar", dos substantivos "sustentação", "sustentabilidade" etc.? É uma questão vertiginosa, cheia de emoções perturbadoras, mas que é preciso se pôr.

Como não se sentir limitado a um funcionamento de computador e, então, entregar-se a uma hermenêutica livre sobre a qual nenhum colega garante que é séria? Na medida em que eu não queria renunciar a compatibilizar as ocorrências, era preciso ser capaz de cortar, diante de cada formulação, e decidir que a fórmula estava "ali" e não "lá". Eu sabia (inclusive pela leitura – que põe em relevo, a cada contato, pontos diferentes – de M. Bakhtin, Michel Pêcheux, Paul Henry, Jean-Jacques Courtine, Jacqueline Authier-Revuz, Jean-Claude Milner, Jean-Jacques Lecercle e outros, que me abriram os olhos para isso) que essa decisão era tomada na singularidade dos discursos, no caráter irreprodutível do interdiscurso em que vivo, como sujeito falante e interpretante. Nós não somos naturalmente interpretantes razoáveis, mas podemos fazer esforços para nos tornar razoáveis no momento do trabalho intelectual. O interpretante razoável é aquele que não é nem inteiramente invadido pelo já-dito de toda palavra, aturdido pelo dialogismo no qual cada palavra se produz, sufocado pela memória interdiscursiva de que o mais singelo dos discursos é depositário (esse interpretante veria a fórmula "purificação étnica" ao passar por uma tinturaria: "lavagem a seco"), nem inteiramente preso aos grilhões do dicionário e da gramática mais tradicional, que ele reconhece como parâmetros de representação de uma língua "correta" (esse interpretante não veria a fórmula "purificação étnica" senão na conformidade da ocorrência encontrada com uma lista prévia fechada). Por meio dessa noção de "interpretante razoável", e me situando durante o tempo de trabalho nesse interregno desconfortável e construído por hipótese, tentei considerar do melhor modo possível os mecanismos de construção dos sentidos, mecanismos que fazem com que tal sequência tenha eco na fórmula "purificação étnica" aqui, ainda que a mesma sequência (quer dizer, formalmente idêntica) não tenha tal repercussão noutros lugares.

Um cientista – acho que isso vale para todas as ciências humanas e sociais, e possivelmente para as outras ciências – tem uma espécie de sensibilidade anormalmente atenta a seu objeto. Ele percebe ruídos escondidos, vibrações, finas estrias e pequenos intumescimentos que outros não veem. Essa receptividade tem força científica. Mas Ferdinand de Saussure, Mallarmé ou Louis Wolfson testemunham que ficamos fragilizados ao ver na língua coisas que não deveríamos ver (e aí você é alguém que pode muito bem dizer, Philippe, já que você é um conhecedor da matéria psicanalítica, o que se pode incluir nesse "coisas que não deveríamos ver"). Acho que, na verdade, todos os que trabalham com a língua ou com o discurso são levados a fazer o esforço de considerar a si próprios como interpretantes razoáveis, a fazer de conta que não veem o que de fato veem. Mas talvez nem todos tenham sentido a necessidade que senti de explicitar uma noção para assumir esse comportamento.

PS: Ao assumir essa relação com seu *corpus*, como "interpretante razoável", você pôde se dedicar à contagem e ao estabelecimento de resultados quantificados.

AKP: Eu quero evitar a repetição do que está no livro, porque é possível ir lá olhar depois e seria muito longa uma apresentação agora, mesmo que só do essencial. Vou preferir apresentar alguns elementos que sugerem a diversidade das conclusões que podemos tirar.

Podemos nos interessar pela fórmula com todas as variantes misturadas e, por exemplo, focalizar as frequências no tempo. Vemos, então, desenharem-se dois períodos distintos. De 1980 até o primeiro trimestre de 1992, as frequências são fracas e as aparições, dispersas (por exemplo, encontramos no máximo duas ocorrências em um mês do *Le Monde* ou, ainda, no *L'Express*, um intervalo de seis anos entre uma dada ocorrência em julho de 1985 e a seguinte, em setembro de 1991). Esse período corresponde à existência do que chamo de "protofórmula (da qual só sabemos *a posteriori* que prefigura a fórmula) ou, dito de outro modo, a gênese da fórmula. Do segundo trimestre de 1992 a dezembro de 1994 (data que corresponde ao fechamento arbitrário do *corpus*), as frequências são claramente mais elevadas e, as aparições, muito próximas. Há um engajamento no regime formulaico. Entre os dois períodos, há uma curta fase de intensa circulação, cujo estudo detalhado é muito interessante, mas não há espaço, aqui, para retomar isso. A observação das frequências em diacronia, sempre com todas as variantes misturadas, permite também ver que o ritmo da fórmula é, em parte (em parte, apenas, e decerto com diferenças expressivas de um jornal a outro), ligado à dita "acontecimentalidade" midiática. Agosto de 1992, que é marcado pela "descoberta dos campos sérvios na Bósnia", é característico nesse aspecto: há, no curso só desse mês, 121 ocorrências da fórmula no *Le Monde*, 16 no *Nouvel Observateur*, 8 no *L'Express*. No mês de setembro, esses números caem brutalmente – 22, 6, 1, respectivamente. Outros picos se manifestarão com a "descoberta das violações sistemáticas" no inverno de 1992-1993, o "massacre do mercado em Sarajevo" em fevereiro de 1994...

Em segundo lugar, podemos considerar a fórmula nos detalhes das variantes que a compõem. Essa quantificação permite constatar que existe uma hierarquia de variantes e é relativamente estável de um jornal a outro: misturando todos os períodos, "purificação étnica", "limpeza étnica" e "depuração étnica" são as três variantes mais frequentes, sempre nessa ordem. Esses sintagmas são três variantes prototípicas da fórmula, e "purificação étnica" pode ser tomada como a mais prototípica das três (daí que eu fale da "fórmula 'purificação étnica'").

Para além dessas três expressões, é, sobretudo a instabilidade que caracteriza a hierarquia das variantes, conferindo a essas outras formulações um caráter bem mais contingente na narração do conflito iugoslavo ("purificadores étnicos", "limpar etnicamente", "depuradores..."). A preeminência das nominalizações de ações no singular acompanhadas do adjetivo "étnico" é evidente. Apreendendo no detalhe as variantes, podemos também pôr à luz uma especificidade da gênese da fórmula: percebemos que a quase totalidade das ocorrências da fórmula anteriores à primavera de 1992 são aparições do sintagma adjetival "etnicamente pur(o/a) (s)", enquanto mais adiante a fórmula se realizará através de pelo menos 136 variantes diferentes. Eu não tenho como explicar isso, mas é patente como essa transformação da nominalização em sintagma adjetival está notoriamente ligada à complexidade que os discursos suportam.

Eu também estudei a data em que uma ou outra variante aparece pela primeira vez. Isso permitiu perceber de uma só vez a relação da fórmula com a acontecimentalidade e a hierarquia das variantes (de novo, mas de outra maneira). No *Libération*, uma variante prototípica da fórmula se manifesta pela primeiríssima vez em 27 de maio de 1992, e se trata de "purificação étnica". Trata-se também de "purificação étnica" no *La Croix* (em 28 de maio), na *Le Figaro Magazine* (em 5 de junho), no *Le Figaro* (em 9 de junho), no *Rivarol* (em 12 de junho), no *L'Humanité* (em 6 de julho), no *Le Quotidien de Paris* (em 13 de julho), no *France-Soir* (em 24 de julho)... Dos 24 suportes considerados nessa contagem, só um (o *Minute*, em 12 de agosto) usa "depuração étnica" como primeira das variantes prototípicas utilizadas. Noutros periódicos, em 20 de agosto de 1992, apareceram pelo menos três variantes: é bastante claro que nessa data a fórmula se tornou uma passagem obrigatória na narrativa midiática da guerra iugoslava (os "campos" ganhavam as manchetes desde 3 de agosto). Sobre isso, eu vou dar só alguns elementos rapidamente e, para detalhamentos, remeto ao livro e à tese.

Eu me interessei especificamente pelas propagações da fórmula em quadros não-iugoslavos, como disse há pouco. A que acontecimentos elas se referem? Quando se produzem? De que são feitas? Sobre isso, por exemplo, é pertinente salientar que, se a fórmula designa a repressão da insurreição vendeana* de 1793-1794, os locutores envolvidos são principalmente Philippe

* N.T.: Guerra de Vendée é o nome dado a uma guerra civil de três anos que aconteceu no curso da Revolução Francesa, na qual os *partisants* se opuseram aos adversários do movimento revolucionário que, nessa região, eram cristãos monarquistas.

de Villiers, *Minute*, *Le Figaro* e *Le Figaro Magazine*. Estudei também os desdobramentos de que falei há pouco, que fazem da fórmula uma matriz denominativa produtiva, o que é constitutivo do fenômeno formulaico. Questões importantes não param de surgir. Por exemplo, como essas propagações e esses desdobramentos nos ajudam a pensar a semântica referencial própria à fórmula "purificação étnica", como ela pode funcionar tanto como nome próprio de um acontecimento como nova categoria denominativa...

PS: Resultados expressivos – e inúmeras questões teóricas e de método na análise dos discursos políticos e midiáticos – aparecem na observação da contagem de ocorrências da fórmula. Mas você não quantificou só isso. Você também se dedicou a contar os empregos opacos ou opacificados. Você pode falar um pouco sobre isso?

AKP: Sim, é o que eu chamei, por falta de expressão melhor, de "registros e problematização". Com essa abordagem da fórmula em sua dimensão metadiscursiva, a frequentação do *corpus* "no nível do texto" conta mais ainda. Alguns diriam que essa parte do trabalho decorre inteiramente de uma abordagem "qualitativa" (mas eu não gosto dessa distinção "qualitativa/quantitativa"). Entretanto, a partir do momento em que percebi que era possível estabelecer categorias que regeriam a análise dos enunciados ("a fórmula como acontecimento de discurso", "a fórmula confrontada à pluralidade de suas expressões", "a fórmula e sua dinâmica de significação", "uma fórmula confrontada a um exterior discursivo", "a fórmula confrontada à nominação do real"...), deveria ser possível contar o número de enunciados concernentes a cada uma. Quando fazemos o esforço de organizar categorias de descrição (jamais definitivas, claro, jamais satisfatórias), é uma pena não ir até o fim, uma pena não mostrar aos olhares de outros isso que acabamos fazendo, de modo que os outros possam verificar (não para fiscalizar propriamente, mas para experimentar usos pessoais e novos).

Eu quantifiquei os resultados relativos a esse domínio. Um quadro no fim do livro (p. 445-47) recapitula esse processo. Entretanto, está claro que é na retomada de cada enunciado e na análise detalhada que proponho deles, tomando o cuidado de preservar toda sua materialidade (aspas, itálico, locutor, data, rubrica, gênero, títulos e outros elementos do paratexto...), que reside o interesse do trabalho.

Vou dar um exemplo. Num dado momento eu me dedico às reformulações parafrásticas da fórmula (são 21 ao todo no *corpus*, mas isso não tem importância), as quais podem assumir a forma de justaposição interpretada como reformulação, de uma relativa restritiva interpretada como tal, de uma restritiva, ou ainda do emprego de um marcador de reformulação parafrástica. No interior desse conjunto, consideremos os enunciados que, para emitir uma significação da fórmula, recorrem a uma outra variante (mas que pode pertencer à mesma categoria morfossintática e/ou à mesma classe derivacional). Eis um exemplo: "A 'purificação étnica' – a caça às populações 'inimigas' dos territórios conquistados para serem regiões 'etnicamente puras' – está no coração da crise dos refugiados" (Soulé, 1992: 4). Acontece que há, no *corpus*, dois enunciados ao todo que, como nessa reportagem, recorrem a uma variante adjetival da fórmula para formar a paráfrase de uma variante nominal. Pouco importa que existam dois, três ou cinco enunciados desse tipo, esse enunciado merece comentários.

Antes de mais nada, ele mostra quanto o investimento semântico e referencial de "purificação étnica" resiste aos comentadores da guerra iugoslava. Esse tipo de paráfrase, cuja aparição surpreenderia menos num dicionário de língua (sabemos que ele se autoriza uma certa circularidade – "artesanal: relativo ao artesanato"), é menos esperada no contexto de um artigo da imprensa. Se o emparelhamento de "purificação" e "a ação de caçar" certamente tem virtudes didáticas quanto à significação da fórmula (a paráfrase, nesse sentido, é eficaz), esta última parece, apesar dos pesares, não se prestar a uma reformulação plena e inteira, e não pode se definir senão passando por uma outra forma de si mesma.

Depois, eu notei que essa reportagem aparece na edição de 29 de julho de 1992, no momento em que a fórmula está começando sua longa trajetória. A reformulação parafrástica assinala o caráter neológico (assim percebido) da fórmula, confirmando observações antigas dos linguistas sobre os índices da sensação de neologia. De fato, 12 dos 21 enunciados aparecem ao longo de dois meses que separam 27 de junho de 27 de agosto de 1992, ou seja, no período de expansão máxima da fórmula no universo discursivo.

Aportes históricos e sociológicos

PS: Ainda há, no seu livro, pesquisas propriamente históricas e sociológicas: a origem da fórmula, sua gênese, sua presença vazia nos discursos que preparam o terreno para sua vinda, seu destino, sua circulação, quer dizer, o nome, o estatuto dos enunciadores, o circuito material de difusão e de modificação da fórmula; logo depois você se debruçou sobre as cenas enunciativas da fórmula na argumentação e na contra-argumentação social. Esse conjunto é fascinante. Ele põe de saída uma questão para análises do mesmo tipo: esclarecimento dos determinantes de um debate histórico, que conduz simetricamente a desvendar a estrutura ou as regularidades fortes da dinâmica dialógica que Bakhtin descreveu programaticamente. Nesse quadro, que elementos você acha necessário explorar agora?

AKP: Eu não sei se todo mundo estará de acordo em falar em pesquisas históricas e sociológicas, uma vez que eu não saí dos textos, que eu olhei para eles como objetos de minha investigação (e não como meios de aceder a outra coisa). Num certo sentido, do meu ponto de vista, há História e Sociologia nesse trabalho, e colegas de disciplina veem assim também. Mas são uma História e uma Sociologia um tanto particulares: daquelas que podemos apreender nos discursos como produções situadas (esse locutor, dessa geração, dessa profissão, sustentando tais opiniões e tais situações, movendo-se em tais redes de frequentação e de interdependência, submetido a tais coerções, falando ou escrevendo em uma dada língua...). É preciso documentar os discursos, no sentido de informá-los, instruí-los. Então existem os "observáveis em discurso", que são tanto um objeto de pesquisa à parte quanto um quadro de análise. Quando digo "observáveis em discurso", entendo por isso que os discursos podem ser um lugar de observação de práticas que contribuíram para produzi-los. Nesse estudo, por se tratar de um *corpus* centrado em artigos da imprensa escrita, são, antes de mais nada, as práticas e as normas da profissão jornalística que aparecem como "observáveis em discurso": relações com as fontes de informação e depoimento, divisão do trabalho nas redações, as normas de escrita... A maneira como o *corpus* indica de que modo a fórmula "purificação étnica" chega por divulgação aos feudos da imprensa francesa – por divulgação individual, mas em viagem organizada, como explico em meu livro – é uma ilustração disso. Em *Studies in Ethnomethodology*, Harold Garfinkel mostra que os dispositivos dos relatórios clínicos informavam tanto sobre a organização do sistema hospitalar quanto sobre o doente: o documento ensina sobre o dispositivo que o produz. A noção de "observáveis em discurso" faz parte de uma reflexão dessa natureza, que pode contribuir para uma conexão entre a Análise do Discurso e outras disciplinas ou domínios de pesquisa.

Esses "observáveis em discurso" fazem parte das ideias a partir das quais eu poderia seguir um trabalho sobre o material que reuni para o estudo da fórmula "purificação étnica". Porque, apesar da tese, do livro e de alguns artigos publicados na mesma direção, estou longe de ter tratado exaustivamente desse *corpus*. Por exemplo, eu não pude explorar as pequenas investigações que fiz sobre a imprensa estrangeira (Espanha, Itália, Vaticano, Alemanha, Inglaterra e Estados Unidos), por meio das quais eu gostaria de investigar o caráter específico (ou não) da memória interdiscursiva: procurei precedentes e empregos da fórmula "purificação étnica" em diferentes línguas, para chegar a um questionamento sobre a existência de memórias interdiscursivas transnacionais e/ou translinguísticas. E também não tive ocasião de partilhar toda a reflexão suscitada pelo próprio fato de haver muitas variantes e ser possível estabelecer uma hierarquia entre elas. Assim, quando eu digo que "purificação étnica", "limpeza étnica" e "depuração étnica" são três variantes prototípicas da fórmula (e que "purificação étnica" é a mais prototípica das três), eu me apoio, claro, em critérios quantitativos de frequência, mas também em uma gama de outros fatos de discurso. Por exemplo, sobre o fato de que as traduções de uma língua estrangeira para o francês têm tendência a "gerar" a expressão "purificação étnica" mais do que as duas outras (digo isso porque explorei um pouco também os fatos de tradução). A análise da prática de reescritura dos textos por instituições como a ONU ou, ainda, a observação de dicionários de língua e de léxicos permitem chegar a conclusões da mesma ordem. Esses fatos de discurso são microscópicos, minúsculos (no sentido de se perderem no vasto *corpus* que, *a priori*, não foi constituído para lhes dar visibilidade). Mas, se numa visitação de reconhecimento do *corpus* continuamente reiterada se chega a encontrá-los, é possível ver que eles testemunham práticas discursivas tão conclusivas quanto as medições estatísticas que podemos fazer complementarmente. Sobre isso, uma pessoa que trabalhasse com "mundialização" e "globalização", ou com "desenvolvimento sustentável", "desenvolvimento durável" e "crescimento durável", enfrentaria questionamentos do mesmo tipo.

Essas análises podem ser integradas a pesquisas mais amplas, notadamente sobre os fatos de comunicação. Se, como propus há pouco, enxergamos a comunicação como um conjunto de atitudes profissionais relativas à antecipação de práticas de retomada, de transformação e de reformulação de enunciados e de seus conteúdos, a análise das fórmulas, tal como a vejo, é parte pregnante de uma análise do discurso profundamente dependente dos estudos históricos e sociológicos.

PS: As fórmulas de que você falou agora são fórmulas sobre as quais você está trabalhando atualmente?

AKP: Um pouco. Mas não tanto quanto elas mereceriam. Porque o fato é que elas requerem análises aprofundadas, ao lado dos trabalhos dos quais elas já foram objeto em Sociologia Política, em História das Ideias Políticas ou em Ciências Econômicas. Eu cheguei a começar uma pesquisa sobre a fórmula bífida "direito de ingerência (humanitária)"/"dever de ingerência (humanitária)", mas acabei não levando a termo. A fórmula "desenvolvimento sustentável" é também apreensível. Essa expressão e suas vizinhanças amalgamam objetos notadamente diversos. É fascinante estabelecer essa constatação, sobretudo fazer a coleta meticulosa tanto das formulações quanto dos domínios referenciais que os locutores visam com esses termos. Um tal "ideologema" só pode encorajar os contradiscursos que, de fato, não cessam de ser enunciados através de discursos que preconizam "decrescimento" ("decrescimento" simplesmente ou "decrescimento sustentável" ou "decrescimento durável" ou "decrescimento equitativo"...). Dispomos, aqui, de uma ilustração gloriosa do dialogismo: o discurso sobre o "desenvolvimento sustentável" se representa como uma reação (mas uma reação de certo modo "progressista" ou, pelo menos, "progressiva") ao que seriam os "excessos", os "defeitos", os "efeitos perversos" do modelo socioeconômico dominante do "crescimento"; quanto ao discurso sobre o "decrescimento" – cujos partidários identificaram quanto do "desenvolvimento durável" se poderia (re)passar, via "crescimento sustentável", às formas do "crescimento industrial" e do "crescimento econômico" – se dá a ver como contradiscurso. Todos dois, o discurso do "desenvolvimento sustentável" e o discurso do "decrescimento", pretendem muito seriamente salvar o mundo, o homem e o planeta. Temos aí dois vigorosos polos ideológicos encarnados em unidades lexicais elaboradas dialogicamente. Esse nebuloso conjunto de fórmulas e o modo como ele ilustra a noção de "contradiscurso" são fascinantes de estudar, com recurso a *corpora* bem abertos e diversificados.

O discurso como objeto

PS: Assim é que seu trabalho está inscrito, com os estudos sobre as "fórmulas" e os "lugares discursivos" e também com a análise dos "contradiscursos", num verdadeiro programa de Análise do Discurso. O que você nos diria sobre as pesquisas que estão por vir?

AKP: Para além da exploração do *corpus* constituído no estudo da fórmula "purificação étnica", e para além dos estudos da fórmula em geral, continuo achando que o estudo dos discursos pode oferecer à nossa inteligência muitos esclarecimentos, por menos que desejemos observá-los curiosamente, do nosso modo. Eis aí uma questão de escolha de objeto de pesquisa: o discurso como objeto não é nem mais legítimo nem mais judicioso do que qualquer outro. A Análise do Discurso, do modo como a vejo (mas certamente há outras maneiras de ver e de fazer que não são, mais uma vez, nem mais legítimas ou judiciosas), deve considerar muito seriamente três coisas:

- Conhecimento do trabalho dos linguistas. Um analista do discurso não tem como saber tudo o que fazem os linguistas (mesmo os linguistas não dão conta de saber, dada a especialização dos saberes que afetam o conjunto das ciências). Acrescente-se a isso o caráter necessariamente técnico da Linguística, cujos embasamentos teóricos sutilmente elaborados frequentemente representam um obstáculo real para os que não têm uma formação inicial nesse domínio. No entanto, o analista do discurso não pode deixar de saber o que há na Linguística; sobretudo, deve ser capaz de se informar. Os discursos são produzidos numa língua: a língua me parece realmente como algo de que é impossível se livrar. De saída, o estudo dos discursos passa por um conhecimento de categorias de descrição da língua. O que eu estou dizendo sobre "desenvolvimento sustentável" poderia ser dito (se bem que com palavras um pouco diferentes) por políticos ou economistas. Dá-se o caso de caber à Análise do Discurso que trabalhe em seus quadros teóricos próprios ao mesmo tempo em que com descrições precisas dos enunciados, nas formas materiais verificadas. Quando digo que é preciso saber, em linhas gerais, o que está acontecendo na Linguística e ter aptidão para se informar, falo simplesmente de saber que vias existem e podem ser emprestadas, falo de ser capaz de apreender o que a observação oferece a nossos olhos. Por exemplo, quando se apresenta para minha leitura o enunciado: "Pois Putin já teve a oportunidade de dizer, e o drama de Beslan só pode reforçar sua convicção, a Rússia está vivendo, ela também, seu 11 de setembro" (Troubé, 2004), é saudável que eu saiba como seguir nas pesquisas sobre a descrição definida e o nome próprio, sobre a semântica referencial, sobre as semânticas do protótipo, sobre a antonomásia...

- Uma atenção aos trabalhos em ciências humanas e sociais: História, Ciência Política, Sociologia, Etnologia e Antropologia, Filosofia... Trata-se de conhecer as preocupações dessas disciplinas, viabilizando o contato quando uma delas se aproxima ou quando nós mesmos nos aproximamos. Trata-se também de incluir os conhecimentos que essas disciplinas tornam disponíveis para nossa própria elaboração de saberes. Por exemplo, no estudo dos discursos midiáticos sobre a guerra iugoslava, eu usei diretamente conhecimentos vindos da Sociologia, do Jornalismo e, mais amplamente, trabalhos sobre mídias e sobre a fabricação da informação. Assim também acontece com o enunciado que acabei de citar, sobre "11 de setembro" como nome próprio de um acontecimento, que só poderia ser analisado levando-se em conta conhecimentos relativos às teorias do acontecimento nas abordagens fenomenológicas e nas Ciências da Informação e da Comunicação.
- A constituição de um *corpus* que seja, cada vez mais, *corpus* lido, conhecido, trabalhado, relido, ruminado, revisitado, no tempo, no silêncio, com paciência. Para ver as coisas, é preciso olhar muitas vezes. Nesse sentido é que eu falava há pouco de um trabalho sobre o *corpus* visto como uma *prática de leitura*. Trata-se, aí, de uma *maneira de fazer* que evoco na conclusão do meu livro, pela qual podemos nos pôr disponíveis o bastante para apreender os discursos no interior de sua coerência e de suas contradições, naquilo que faz deles sistemas de explicações. Através dessa maneira de fazer, que prioriza um modo de revisitação dos discursos, manifesta-se com alguma insistência o desejo do objeto, assim como, através do interesse pelas categorias de descrição da língua propostas pela Linguística, se manifestava em mim certa permanência do objeto de desejo.

Tradução de Sírio Possenti
e Luciana Salazar Salgado

Texto publicado originalmente na revista *Semen*, n. 21, 2006, dossiê *Catégories pour l'analyse du discours politique*. A tradução brasileira foi publicada pela primeira vez na *Revista Eletrônica de Popularização Científica em Ciências da Linguagem – Linguasagem*, São Carlos, UFSCar, 6. ed., mar. 2009.

Referências

COURTINE, J. Quelques problèmes théoriques et méthodologiques en analyse du discours, à propos du discours communiste adressé aux chrétiens. *Langages*. Paris: Larousse, n. 62, jun. 1981, pp. 9-128.

FAYE, J. *Langages totalitaires*: critique de la raison/l'économie/narrative. Paris: Hermann, 1972, 771 p.

______. *Théorie du récit. Introduction aux "Langages totalitaires"*. Paris: Herman, 1972, p. 41.

______. *La critique du langage et son économie*. Auvers-sur-Oise: Editions Galilée, série "Langue", 1973, 187, p. 38.

______. *Le siècle des idéologies*. Paris: Armand Colin, coleção "Références", 1996a, 195 p.

______. *Le langage meurtrier*. Paris: Hermann, coleção "Savoir: Cultures", 1996b, 290 p.

FIALA, P.; EBEL, M. Recherches sur les discours xénophobes. *Travaux du Centre de Recherches Sémiologiques*. Neuchâtel, n. 27-28, 1977.

______. *Langages xénophobes et consensus national en Suisse (1960-1980)*: discours institutionnels et langage quotidien; la médiatisation des conflits. Université de Neuchâtel: Faculté des Lettres, 1983, 432 p. + 22 p.

KRIEG-PLANQUE, A. *Emergence et emplois de la formule "purifi cation ethnique" dans la presse française (1980-1994)*: une analyse de discours. Tese (Doutorado em Ciências de Linguagem) – Université de Paris 13 – Paris-Nord, 9 nov. 2000, 3 vol., 840 p.

______. *Purification ethnique*: une formule et son histoire. Paris: CNRS Editions, 2003, 523 p.

______. Souligner l'euphémisme: opération savante ou acte d'engagement? Analyse du "jugement d'euphémisation" dans le discours politique. *Semen*, n. 17, jan. 2004, pp. 59-79. Número temático: *Argumentation et prise de position*: pratiques discursives, organizado por Ruth Amossy e Roselyne Koren.

ROBIN, R. L'analyse du discours entre la linguistique et les sciences humaines: l'éternel malentendu. *Langages*. Paris: Larousse, n. 81, mar. 1986, pp. 121-28.

SOULÉ, V. Dix mille personnes déplacées par jour. *Libération*. 29 jul. 1992.

TROUBÉ, C. La poudrière du Caucase. *La Vie*, 9 set. 2004, pp. 36-7.

A aforização proverbial e o feminino

Dominique Maingueneau

Na semântica contemporânea, bastante marcada pelas correntes pragmáticas, o estudo dos provérbios, a "paremiologia", tornou-se um domínio privilegiado da pesquisa linguística no mundo todo; há, inclusive, várias revistas especializadas. Em matéria de expressões cristalizadas, os provérbios ocupam uma posição singular. Não só porque constituem frases, com verbo ("À noite todos os gatos são pardos") ou não ("Tal pai, tal filho"), mas também porque são as únicas sequências cristalizadas que fazem parte da língua, que relevam da competência linguística, como atestam os numerosos dicionários de língua que contêm listas de provérbios. Aliás, é o que os distingue das citações célebres: "Penso, logo existo" (Descartes), "Eu tenho um sonho" (M. Luther King) etc.

Neste capítulo, começarei abordando certas propriedades enunciativas dos provérbios, apoiando-me nas noções de *aforização* e de *hiperenunciação*, que apresentei em trabalhos anteriores. Num segundo momento, voltarei a atenção para a relação obscura que se estabelece entre o provérbio e a diferença sexual, partindo de uma constatação simples: os provérbios que tratam das mulheres são bastante numerosos, já os que falam dos homens, não.

Provérbio, aforização e hiperenunciador

Os provérbios entram na categoria mais ampla de *aforizações* (Maingueneau, 2008b), das "frases sem texto". Essas frases são de tipos bastante diversos: *slogans*, máximas, provérbios, títulos de artigo na imprensa, citações célebres etc. Elas se dividem naturalmente em duas classes, conforme se trate de 1) frases que, de maneira *constitutiva*, existem fora de qualquer texto: provérbios, *slogans*, divisas...; 2) ou frases que são destacadas de um texto: é o caso da lógica da citação.

A comparação entre os enunciados assim destacados e sua contrapartida nos textos dos quais são excertos mostra que, na maior parte dos casos, o enunciado destacado sofre alteração no curso de seu destacamento. Essa alteração pode ser relevante mesmo quando se trata de um destacamento "fraco", isto é, quando o texto-fonte está logo ao lado: é o caso, em particular, do olho nos artigos da mídia impressa. Tais divergências são mais notáveis no destacamento fraco, pois o leitor tem como comparar o enunciado destacado com o texto de partida. Tudo se passa como se existisse uma zona de tolerância, como se comumente se considerasse normal que o enunciado destacado e sua fonte sejam divergentes.

Para nós, essas divergências são reveladoras do fato de que as frases sem texto – sejam elas destacadas *por natureza* (como os provérbios) ou destacadas por uma intervenção do interlocutor – têm um estatuto pragmático específico. Elas operam em um regime de enunciação específico, que propusemos chamar *enunciação aforizante* ou, mais brevemente, *aforização*.

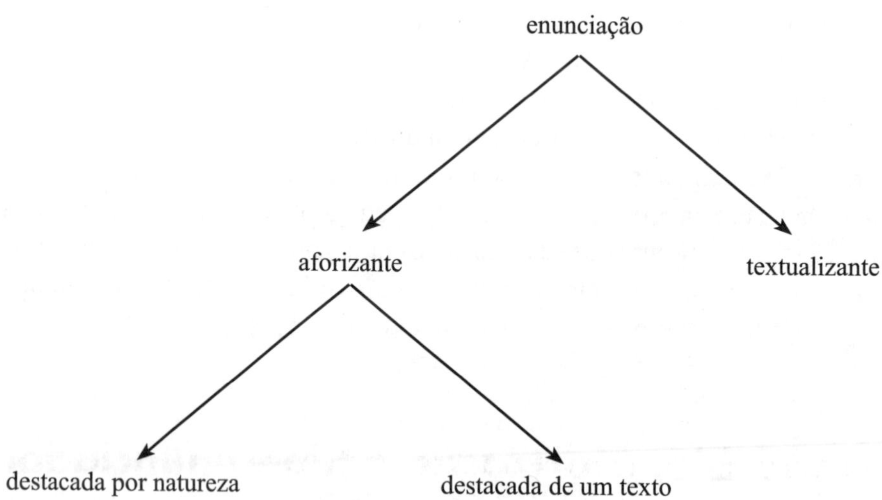

Pela aforização, o locutor – que podemos chamar de *aforizador* – se põe acima das restrições específicas deste ou daquele gênero de discurso. Ele assume o *ethos* de um locutor que fala do alto, um indivíduo que entra em contato com uma fonte transcendente; ele não se dirige a um interlocutor que está no mesmo plano que ele e poderia responder, mas a um auditório universal. Ele supostamente enuncia *sua* verdade, subtraída qualquer negociação, exprime uma totalidade vivida: seja uma doutrina ou uma certa concepção da existência. Nesse regime enunciativo, o sujeito da enunciação e o Sujeito no sentido jurídico e moral coincidem: alguém se põe como responsável, afirma valores e princípios diante de uma comunidade.

Quando se trata de aforizações por natureza, como é o caso dos provérbios, não há um Sujeito particular que está na fonte do ponto de vista expresso na enunciação, mas o locutor ganha autoridade porque põe em cena, na sua fala, uma outra instância a que chamamos *hiperenunciador*, com quem ele mostra estar de acordo.

Para introduzir essa noção de hiperenunciador, pode-se partir de um conjunto de fenômenos de citações "sem autor" que propus agrupar sob o termo *particitação* (Maingueneau, 2008a), palavra-valise que associa participação e citação. Quando há particitação, o locutor estabelece um desnível entre si mesmo e uma segunda instância de enunciação que o domina.

- O enunciado "citado" é memorizável e autônomo (por natureza ou mesmo por destacamento de um texto).
- Essa citação deve ser reconhecida como tal pelos alocutários, sem que o locutor citante indique a fonte ou diga explicitamente que está citando, ou seja, sem a ajuda de um verbo introdutório ou de uma incisa etc. O caráter de citação é marcado apenas por um desnível interno à enunciação, que pode ser de natureza gráfica, fonética, paralinguística... O enunciado citado é apresentado em seu significante, numa lógica de discurso direto, mas levada ao extremo: não se trata apenas de simular uma enunciação, como frequentemente é o caso do discurso direto, mas de restituir o próprio significante. Essa restituição é evidentemente crucial para que o destinatário identifique a fonte da palavra reportada.
- O locutor citante mostra sua adesão ao ponto de vista assumido no enunciado citado. Esse enunciado pertence a um *Thesaurus* de enunciados e contornos mais ou menos fluidos, indissociável de uma comunidade em que circulam esses enunciados e que, precisamente, se define de maneira privilegiada pela partilha desse *Thesaurus*. Pela sua enunciação, o locutor citante pressupõe pragmaticamente que ele mesmo e seu alocutário são membros dessa comunidade: o locutor

cita o que poderia/deveria ser dito pelo alocutário e, mais além, por todos os membros da comunidade que agem plenamente de acordo com esse pertencimento.

- Esse *Thesaurus* e a comunidade correspondente implicam um *hiperenunciador*, cuja autoridade garante menos a verdade do enunciado – no sentido estrito de uma adequação a um estado de coisas no mundo – do que sua "validade", sua adequação aos valores, aos fundamentos de uma coletividade.

Vejamos dois exemplos de particitação que pertencem a épocas e tipos de discurso bem diferentes. O primeiro, datado de 1670, é um excerto de uma oração fúnebre do maior pregador francês do século XVII, Bossuet:

> Deus, que fulmina todas as nossas grandezas até reduzi-las a pó, não nos deixa, então, nenhuma esperança? Ele, aos olhos de quem nada escapa, e que segue cada parcela de nossos corpos em qualquer rincão do mundo onde a corrupção ou o destino os pode jogar, verá, esse Deus, perecer sem recurso algum aos que ele fez capazes de conhecê-lo e amá-lo? Aqui uma nova ordem de coisas se apresenta a mim; as sombras da morte se dissipam: "diante de mim se abrem as vias para a vida verdadeira". *Madame* não está mais no túmulo; a morte, que parecia tudo destruir, de fato tudo estabelece (Oração Fúnebre a Henriette-Anne D'Angleterre, duquesa D'Orléans. Original: 1860, Paris, Delalain, p. 54).

O orador recorre aqui à particitação: ele não diz com precisão que se trata de uma citação, nem, *a fortiori*, quem é o autor citado. Supõe-se que o ouvinte-modelo a reconheça. Se ele está familiarizado com a Bíblia, encontrará um fragmento dos Salmos (XV, v. 10) na tradução da vulgata: *Notas mihi fecisti vias vitae*.

O segundo exemplo foi encontrado na internet, trata-se de um provérbio bem conhecido dos francófonos:

> Hoje, não basta ao secretário geral do FLN afirmar que o projeto de revisão será mantido na agenda do presidente para que todo mundo se convença de que assim de fato será. *Tanto o jarro vai à fonte que um dia quebra.* Claramente: será preciso que o presidente em pessoa, ou alguém entre os oficiais que nunca tenha se pronunciado sobre a questão – em todo caso, não no tom peremptório empregado a cada vez pelo chefe do governo – acene nessa mesma direção, para que a revisão constitucional retome o caráter de inelutabilidade que já começava a ter. (Disponível em: <http://www.lesdebats.com/editionsdebats/230507/etude.htm>. Acesso em: 1º out. 2009, grifos nossos).

Cabe ao leitor perceber que há aí uma aforização proverbial. Ao enunciar um provérbio sem nenhuma marca que o identifique como tal, o locutor põe o leitor na posição de um membro da comunidade que partilha um mesmo *Thesaurus*. Por sua vez, mostrando-se capaz de reconhecer essa frase como um provérbio, o leitor mostra que pertence mesmo a essa comunidade, que os dois parceiros de interação se reconhecem num mesmo hiperenunciador.

A particitação mantém uma estreita relação com a aforização; na maior parte das vezes, as particitações são aforizações. A particitação de Bossuet é uma aforização destacada de um texto, e o excerto colhido na internet é uma aforização proverbial. De modo geral, a particitação conduz ao paroxismo as características pragmáticas da aforização: a autoridade máxima da particitação se deve precisamente a não ser necessário nomear sua autoridade.

O hiperenunciador é, assim, uma instância que, de um lado, garante a unidade e a validade de múltiplos enunciados de um *Thesaurus*, de outro, confirma o pertencimento dos parceiros da enunciação à comunidade correspondente. Os provérbios de uma comunidade linguística constituem um *Thesaurus* cujo hiperenunciador é habitualmente denominado "a Sabedoria popular" ou "a Sabedoria das nações": para retomar os termos de Greimas, "tem-se a impressão de que o locutor abandona voluntariamente sua voz, tomando outra de empréstimo a fim de proferir um segmento de fala que não lhe pertence propriamente e que ele está unicamente citando" (1975: 288).

Além disso, o provérbio é, por excelência, um enunciado generalizante, uma vez que supostamente já está aceito pelo alocutário, pela mediação de um hiperenunciador que domina os dois interactantes. Seguindo M. Ali Bouacha, "o enunciado generalizante pode se reportar a um conjunto ponderado pondo em jogo três proposições: 1) verdadeiro para todo X: quantificação; 2) sempre verdadeiro: aspectualização; 3) necessariamente verdadeiro: modalização"; além disso, ele é "o lugar do superinvestimento dos sujeitos posto em causa. O que tem duas consequências que convém distinguir: ele é construído para levar à adesão do outro, ele é enunciado para ser repetido" (1993: 51-2).

A possibilidade de o destinatário identificar um provérbio depende de fatores ao mesmo tempo extralinguísticos e linguísticos. *Extralinguísticos* porque o provérbio pertence a um estoque de enunciados conhecidos como tal por um conjunto de usuários de uma língua. *Linguísticos* porque o provérbio tem propriedades específicas, já bastante estudadas pelos linguistas. Sabe-se, em particular, que seu sentido não se calcula apenas a partir do sentido de seus constituintes: compreender um provérbio como *À noite todos os gatos são pardos* é não só compreender seu sentido literal, mas também, e, sobretudo, as classes de situações às quais ele pode ser aplicado. Aí está a relação privilegiada que o provérbio mantém com a metáfora. No plano do significante, pode-se evocar também o uso do presente genérico (isto é, a ausência de forma verbal marcada), a referência genérica dos dêiticos ("Se *você* quer a paz, prepare-se para a guerra") etc. Além disso, o provérbio remete fortemente à função poética jackobsoniana: sua brevidade segue *pari passu* os jogos de simetria silábica ou acentuais. Quanto à sintaxe, ela é frequentemente arcaizante (cf. o emprego do determinante zero: *Gato escaldado tem medo de água fria*). Esses arcaísmos são diretamente ligados ao estatuto ideológico do provérbio, que se dá como Palavra de um hiperenunciador enriquecido por uma sabedoria imemorial. Essas características convergem, fazendo desse tipo de enunciado um fragmento fechado sobre si, facilmente memorizável e que remete à imagem de um mundo estabilizado.

Neste outro excerto colhido na internet, a identificação de dois provérbios citados ("Tanto o jarro vai à fonte que um dia quebra", que comentamos anteriormente, e um provérbio árabe) não se dá da mesma maneira, mas os dois são categorizados como provérbios pelo próprio locutor: "como diz o provérbio", "esse sábio provérbio árabe". Não se trata, então, de particitações.

> O político, notavelmente dotado para conhecer essa tendência humana, explora-a a fundo. Salvo reconhecer o limite segundo o qual não se pode enganar o povo todo o tempo todo. *E, como diz o provérbio, "Tanto o jarro vai à fonte que um dia quebra"*. Pois quem vai longe demais na mentira acaba por se cansar e cair. *Aqui jaz o político que não soube meditar, antes de seu suicídio, sobre este sábio provérbio árabe: "Sua língua é um leão: se você a domina, ela o protege; se a deixa escapar, ela o devora."* (Disponível em: <http://chronique.blesshnet.com/index.php>. Acesso em: 1º out. 2009, grifos nossos).

No primeiro caso, o emprego do artigo definido ("*o*" provérbio) se justifica pela suposta notoriedade do provérbio numa dada comunidade. Em contrapartida, o segundo caso é apresentado com um estatuto diferente: não como elemento de um *Thesaurus* partilhado pelo locutor e o leitor, mas como um enunciado desconhecido que pertence a outra comunidade: "Aqui jaz o político que não soube meditar, antes de seu suicídio, *sobre este sábio provérbio árabe*".

Provérbios sobre mulheres

Até aqui, consideramos o provérbio como um tipo "neutro" de enunciação, indiferente aos conteúdos que veicula. Não totalmente neutro, diga-se, posto que o provérbio implica um mundo estabilizado, uma ordem imutável em que os homens estão submetidos a restrições inexoráveis, impostas por sua própria natureza e a da sociedade. Mas podemos ir um pouco mais longe desse pressuposto ideológico tão genérico, levando em conta o fato de que, qualquer que seja o país em questão, a mulher é um dos temas prediletos da aforização proverbial. De um ponto de vista antropológico, como sublinha E. Danblon:

> [...] o enunciado proverbial, por sua natureza híbrida no plano epistemológico (nem evidência sensível, nem conclusão inferida), testemunha um estado epistemológico intermediário, elo perdido entre dois modos de pensamento. O provérbio, por seu caráter geral e indiscutível, advém tipicamente da epistemologia mítica, característica das sociedades orais (2002: 51).

O que não significa que não esteja vivo no mundo contemporâneo: a autoridade que lhe é conferida é que mudou.

A mulher, como toda categoria "social" recortada pelas representações coletivas, é afetada pela doxa, a opinião geral, um conjunto de propriedades estereotípicas: ela é falante, gastadeira, fútil... Pode-se achar tudo isso normal: há estereótipos de mulher como há de argentinos, de homens políticos, de policiais etc. O hábito que se consolidou num certo número de correntes das ciências sociais, como a Análise Crítica do Discurso, de pôr num mesmo plano preconceito étnico e preconceito sexista dá margem à ideia de que ser mulher configura um pertencimento da mesma natureza que qualquer outro. É preciso reconhecer que esse pressuposto oferece grandes facilidades aos pesquisadores em ciências sociais; ele permite pôr os estereótipos ligados às mulheres nessa massa de preconceitos nocivos, profundamente arraigados na língua e nas mentalidades, e que a análise científica deve desqualificar, caso se pretenda que a sociedade progrida.

Entretanto, é necessário dar atenção a uma assimetria: os provérbios sobre as mulheres proliferam, enquanto o masculino é escassamente mencionado. Para perceber isso, basta consultar as listas especializadas.[1] Aliás, é uma assimetria que encontramos no domínio da cultura; como no caso do mito da mulher fatal (Maingueneau, 1999): não existe um mito do homem fatal, conjuntos de obras exemplares, didáticas, sobre comportamentos perniciosos dos homens. Decerto, não porque não haja homens que fazem mal às mulheres.

A explicação mais simples consiste em analisar essa assimetria como um sintoma de "desigualdade" em favor dos homens. Se seguirmos essa lógica, numa sociedade liberada da dominação masculina não haveria mais nenhum provérbio sobre cada um dos sexos, ou os provérbios seriam distribuídos equitativamente. Mas corre-se o risco, assim, de pressupor o que está por ser demonstrado: que os sexos são simétricos, que masculino e feminino são como dois campos opostos e complementares, duas equipes num mesmo território, que devem receber o mesmo tratamento. Mais além, o problema consiste em saber se podemos assimilar a diferença sexual conforme as categorizações sociais ordinárias (nações, religiões, profissões, faixas etárias...).

Parece possível abordar essa assimetria relacionando-a à própria diferença sexual: segundo essa hipótese, o masculino como tal é que manteria uma conexão constitutiva com a estereotipação das mulheres, da qual os provérbios são uma das manifestações mais contundentes. A célebre fórmula de J. Lacan "a mulher não existe" atribui precisamente ao masculino esse gesto que reúne as mulheres numa categoria, um gesto que os provérbios levam ao paroxismo. Definido por estatutos e fronteiras, o homem se sente constantemente ameaçado por um feminino que faz qualquer categorização parecer risível. Para ordenar o mundo, estabilizar sua identidade imaginária, ele deve circunscrever esse feminino que é uma alteridade indecidível. Mas isso tem um custo: a manobra que permite a estereotipação converte o feminino em "mistério".

Nas sociedades tradicionais, os provérbios, e mais amplamente os enunciados sentenciosos, exercem um papel essencial nesse trabalho de estereotipação. Para verificar como isso ocorre, examinei provérbios espanhóis. Para tanto, levei em conta dois *corpora* que se recobrem fartamente, um extraído do *Refranero español* de Alonso de Barros (1968), o outro reunido para um trabalho consagrado aos provérbios espanhóis sobre a mulher (Kolodziejczyk, 2001).[2] Seu conteúdo quase não difere dos que encontramos em outras culturas: as mulheres são fúteis, faladeiras, mentirosas etc. Trata-se, portanto, do que hoje qualificamos como um universo "patriarcal". Deixo aberta a questão de saber se esse universo chegou ao fim ou se perdura em formas sutis.

Não podemos, aqui, estudar sistematicamente o conjunto desse *corpus*, então, analisaremos alguns enunciados particularmente representativos, como estes quatro:

1) La mujer brava es la llave de su casa.
("A mulher brava é a chave da sua casa.")

2) A la mujer bigotuda, de lejos se le saluda.
("Mulher bigoduda, é de longe que se saúda.")

3) La mujer en casa y el hombre en la plaza.
("A mulher em casa, e o homem na praça.")

4) La mujer y la gallina, hasta la casa de la vecina.
("A mulher e a galinha, até a casa da vizinha.")

O que há de comum, e isso não surpreenderá ninguém, é a lembrança de uma norma ameaçada. O que pode ser enunciado diretamente (casos 1 e 3) ou indiretamente (casos 2 e 4). Esses provérbios pressupõem um sistema de papéis atribuídos ao homem e à mulher que se apoia numa oposição elementar /interior *vs.* exterior da casa/. A mulher aparece como esse ser que ameaça a todo momento sair de seu lugar, ultrapassando as fronteiras do lar, seja em termos de papéis, usurpando os dos homens (*mujer bigotuda*), seja em termos de território, indo à vizinha. Tudo leva, assim, à questão das fronteiras: a má esposa sai de sua casa e vai à casa da vizinha, a mulher bigoduda ultrapassa a fronteira que a natureza impõe entre homens e mulheres, fronteira que o homem restabelece ao se manter a distância (*de lejos se le saluda*).

Poderíamos usar o clássico teste do "mas" (cf. Ducrot, 1984) para pôr em evidência os estereótipos subjacentes. Se chamarmos *p* a um argumento e *q* ao consequente, saberemos que o *mas* pode introduzir uma contra-argumentação *indireta* (*p* argumento para *não* r, e *q* argumento para *r*), ou uma contra-argumentação *direta* (*p* argumento para *não q*), como no exemplo a seguir, no qual o asterisco marca um enunciado mal formado:

É uma mulher, *mas* ela não tagarela com suas vizinhas.
*É uma mulher, *mas* ela gosta de conversar com suas vizinhas.

Podemos também usar o *no entanto*, que introduz uma contra-argumentação direta, na qual o estereótipo não se aplica:

Dizem que ele é bem casado: *no entanto* sua mulher nunca está em casa.
*Dizem que ele é bem casado: *no entanto* sua mulher está sempre em casa.

Não podemos nos contentar em observar o "conteúdo" dos provérbios: é preciso levar em conta também o quadro implicado na sua enunciação. Operando sobre um paradoxo pragmático, o provérbio restabelece, por sua própria enunciação, a desordem evocada em seu enunciado. Sua enunciação encarna a ordem no próprio movimento que diz que a desordem reina, ou ameaça reinar. Às mulheres, ele opõe a Lei e a Natureza: é da natureza das coisas que as mulheres sejam gastadeiras, infiéis, desmioladas etc., mas a enunciação proverbial restabelece o espaço da Lei: estruturado de modo pregnante (nos planos prosódico, sintático, semântico), o provérbio diz e encarna de uma só vez – por sua configuração e pelo *ethos* sentencioso convencionalmente ligado a sua enunciação – a ordem do mundo de que ele supostamente participa. Ele é, assim, ao mesmo tempo ordenador e ordenado; sua polifonia dá voz a um hiperenunciador que tem um *ethos* sentencioso e que, por seu dizer e seu dito, mostra ter incorporado essa ordem que pretende restabelecer.

Observemos de perto o provérbio (1), organizado em torno do nome *llave* ("chave") que é central:

> La mujer brava es la llave de su casa.

S. Meleuc (1999) propõe ordenar a polissemia do nome *llave* ("chave") distinguindo a) chave instrumento (*chave da porta*), associada aos predicados fechar/abrir; b) chave ferramenta (*chave inglesa*), associada ao predicado prender-apertar/desprender-desapertar; c) chave ideal (*chave do mistério*), cujos predicados de fechamento desapareceram: ela dá acesso a qualquer espaço que se apresenta como porta ou como caixa. Claramente, o nome *chave* privilegia o fechamento (não dizemos **abrir à chave*) e se aplica a espaços do tipo portas/caixas; o que é carregado de sentido quando usado como metáfora da mulher ideal. O provérbio (1) explora ao mesmo tempo o que Meleuc chama de "chave instrumento" e de "chave ideal". A glosa que o compilador Alonso de Barros propõe para esse provérbio é esclarecedora: "Porque sabe defenderla y aumentarla" (porque sabe defendê-la e fazê-la crescer/prosperar): (a) "defenderla" diz respeito à fechadura da porta da *casa* (= morada da família *e* metáfora do sexo feminino, comparado com uma caixa); (b) quanto a "aumentarla", não remete aos predicados de fechamento: a mulher é a chave do crescimento da *casa* (= riquezas *e* linhagem). A metonímia, do instrumento ao agente, faz da mulher uma instância que regula as relações entre interior e exterior: é justamente porque a mulher pode abrir o que está trancado que há perigo. As duas acepções se completam: a mulher opera o fechamento (ela recusa o acesso a sua "casa"), ela é, igualmente, o meio de acesso (à prosperidade). Produz-se, aliás, um efeito de sintagmatização de tipo implicativo: "*Se* a mulher fecha a 'casa', então ela a faz crescer/prosperar". O interesse e a eficácia da metáfora da chave nesse provérbio residem justamente na condensação desse movimento implicativo. A acepção "chave ideal" intervém de fato; ela faz da mulher peça de um dispositivo: a mulher só é "chave" na medida em que se compromete com o dispositivo "casa", em sua dupla dimensão – patrimonial e genealógica.

O percurso das listas de provérbios permite verificar: o que não varia é a inquietude diante de uma mobilidade essencial, que impede o homem de categorizar a mulher, de lhe atribuir um lugar. Fundamentalmente, trata-se, para o universo masculino, de distinguir a boa da má parte da feminilidade, e de projetar a má para o exterior da "casa". A assimilação constante da má mulher à "puta" é solidária com essa clivagem profilática do feminino entre a figura da mãe e a da sedutora: em parte, as figuras ligadas à casa (mãe, noiva, esposa, filha, irmã); em parte, as da mulher sem casa, da mulher da "praça", que designa a "puta". Trata-se de anular a parte "puta" que há em toda mulher que não é *domesticada*, que não é peça do dispositivo "casa".

1) Puta y buena mujer, no puede ser.
("Puta e mulher direita, isso não se ajeita.")

2) Llámala puta, y no la llames fea.
("Chama de puta, e não chama de feia.")

3) Puta, sí, mas fea no, si el espejo no mintió.
("Puta sim, mas feia não, se o espelho não mentiu.")

4) Puta, sí, mas vieja, no.
("Puta, sim, mas velha, não.")

5) Mujer ramera, échala fuera.
("Mulher rameira, pra lá da soleira.")

6) Puta siempre a la puerta, mal anda la tienda.
("Puta sempre na porta, sinal de bodega morta.")

O primeiro membro do último provérbio condensa de fato uma definição: a "puta" é precisamente a que fica à porta, a mulher que não assume o papel de fechamento.

Mas a assimilação da "puta" à mulher que não se restringe ao espaço da casa é uma estratégia pobre, no sentido de ficar aquém da complexidade do feminino. Na Europa cristã, o diabo designa melhor esse excesso por meio do qual o feminino não consegue se ater aos lugares que deveria ocupar. Não surpreende que a identificação da mulher com o diabo seja constante. Por exemplo:

1) Donde hay mujeres, hay diablos.
("Onde há mulheres, há diabos.")
2) Tres hijas y una madre, cuatro diablos para el padre.
("Três filhas e uma mãe, quatro diabos pro pai.")
3) Donde la mujer está, el diablo no puede faltar.
(Onde a mulher está, o diabo não faltará.")
4) La mujer estudió con el diablo, y mil veces lo ha enganado.
("A mulher aprendeu com o diabo, que mil vezes saiu enganado.")
5) La mujer sabe un punto más que el diablo.
("A mulher sabe um ponto mais que o diabo.")
6) Lo que el diablo no puede, lógranlo las mujeres.
("O que o diabo não dá conta, a mulher vai lá e apronta.")
7) Más trazas inventa en cinco minutos una mujer, que el diablo en un mes.
("Em cinco minutos a mulher fez o que tomou do diabo um mês.")
8) De mujer furiosa y de gato enfadado guárdate como del diablo.
("De mulher furiosa e gato injuriado, desconfia como o diabo.")
9) Mujer con celos, los diablos tiene en el cuerpo.
("Mulher ciumenta tem o diabo no corpo.")
10) Donde mujer no hay, el diablo la tray.
("Se não tem mulher na freguesia, o diabo providencia.")

Assim como as figuras que apontam para o enigma do feminino (musa, fada, feiticeira... conforme os contextos), o diabo é um ente que não pode ser completamente integrado à sociedade: ele pertence, ao mesmo tempo, ao mundo e a seu obscuro além. Pela sua própria etimologia (*diabolos*, de *diabolè*), designa o maldizente, o autor de uma palavra inapreensível, sem pai, capaz de criar realidades sem referente. O que vai muito além da suposta incapacidade das mulheres em conter sua língua.

1) La mujer habladora, duelos tienen donde mora.
("Se a mulher é faladeira, sofre a casa inteira.")
2) Quien busca mujer, busca ruido y desplacer.
("Quem procura mulher, algazarra quer.")

3) Mujer callada, avis rara.
("Mulher calada, avis rara.")

4) Croar de ranas y hablar de damas, ruidos sin obstância.
("Gralhas e senhoras fazem barulho por horas.")

O poder de enganar associado ao diabo designa precisamente uma movimentação generalizada, o uso fraudulento dos signos que, deslocados de seus lugares, põem-se a funcionar por si mesmos. O "diabolismo" associa de maneira emblemática o feminino aos discursos que se esquivam da Lei, em particular os usos estéticos da palavra. Poderíamos dizer, voltando a nossa metáfora anterior, que é uma palavra que se guarda "a sete chaves".

Pode-se compreender, então, que o provérbio aparece como um escudo contra qualquer diabolismo, contra as formas de enunciação que ameaçam a distribuição dos espaços. Ele se opõe de maneira privilegiada ao palavrório, a essas palavras sem lugar, que fazem as mulheres saírem do que deveria ser seu lugar. Essa oposição surge tanto mais quanto mais fortes semelhanças se apresentam nessas práticas verbais: trata-se, num caso como no outro, de enunciações polifônicas, que deslizam no curso de qualquer conversação. De um lado, há a palavra ordenada, o provérbio, que é fixo, atemporal e diz a Lei (como funciona o mundo ou como devemos nos comportar), reportado à autoridade da Sabedoria; de outro, há uma palavra radicalmente instável em seu significante, uma palavra sem origem, capturada na cerrada trama das interações espontâneas, e que visa o que é particular.

Essa doxa que os provérbios ecoam distribui, assim, valores que são postos como exteriores uns aos outros: o ser e o simulacro, a presença e a ausência, o dentro e o fora... O feminino é, desse modo, clivado em figuras antitéticas /esposa *vs.* sedutora/ (com o que a isso se associa: /gestora *vs.* perdulária/, /verídica *vs.* enganadora/ etc.), ligadas a uma oposição /interior *vs.* exterior da "casa"/.

A *Escola de mulheres*

Estenderemo-nos, agora, ao campo da aforização proverbial sobre as mulheres considerando textos em que os locutores produzem "espontaneamente" enunciados generalizantes, que se apresentam como provérbios. Isso lhes permite pôr seus enunciados sob a égide da autoridade de um hiperenunciador.

O teatro francês dos séculos XVII e XVIII é um *corpus* privilegiado nesse domínio. De fato, seguindo uma prática muito corrente à época, em todo tipo de texto, os personagens produziam um grande número de "sentenças" de valor moral, "máximas". Logo se pode notar a singularidade dessas "máximas": são enunciados inéditos, e não a retomada de um enunciado universalmente conhecido, mas têm vocação para tornarem-se universais. Quando um personagem emite uma máxima nova, a novidade não é marcada linguisticamente: ao contrário, ele profere a máxima inédita como um eco, como se fosse a enésima retomada de uma sentença já estabelecida. O caráter novo ou adquirido de uma sentença se determina em função do saber dos espectadores, de seu conhecimento do estoque de sentenças, e não do funcionamento linguístico. Na realidade, a memória do público é pouco solicitada, na medida em que uma norma implícita incita o autor a produzir apenas sentenças originais. De fato, nesse ponto a tragédia se distingue claramente da comédia. A tragédia ignora o provérbio – e a citação em geral –, enquanto a comédia recorre facilmente aos provérbios: atestados ou inventados pelos personagens. Há certa divisão do trabalho: os personagens populares, os empregados domésticos, citam sobretudo provérbios atestados; enquanto os patrões produzem pseudoprovérbios.

Essas sentenças de certo modo inaugurais, que se apresentam como atestadas quando, na verdade, são produzidas espontaneamente pelo personagem em cena, repousam sobre a combinação aparentemente paradoxal de duas propriedades:

1) devem ser percebidas como inéditas;
2) devem ser percebidas como imemoriais.

A reunião dessas duas condições é o nó do efeito pretendido: o personagem deve produzir algo memorável, isto é, um enunciado digno de ser consagrado, antigo de direito, novo de fato. É justamente porque ele é digno de ser antigo que ele deveria ser antigo, que ele acede, de plano, a um estatuto "monumental", ao estatuto daquilo que está destinado a durar. Pelo seu modo de se apresentar como eco de uma série ilimitada de retomadas da fonte, ele pretende inaugurar o curso de uma série ilimitada de retomadas. Esse tipo de sentença visa, então, produzir na realidade aquilo que, no fundo, não passa de uma pretensão ligada a seu modo de enunciação. No quadro da tragédia, a máxima tende a ser heroica, a singularizar o personagem; na comédia, o locutor se abriga atrás da autoridade de uma Sabedoria vinda do início dos tempos.

A célebre comédia de Molière *Escola de mulheres* tem, em termos do que nos interessa aqui, um valor exemplar. Trata-se de uma peça em que um homem maduro, Arnolfo, para neutralizar os inumeráveis defeitos das mulheres que os provérbios denunciam, decide educar uma garota, Agnes, de modo a torná-la uma esposa ideal, totalmente submissa. À sua maneira, no que tange ao feminino, ele age como os provérbios que pretendem domesticá-lo, fazê-lo entrar na ordem.

Esse esquema de intriga leva ao extremo uma característica do gênero comédia. Como bem mostrou Charles Mauron (1964), depois da Antiguidade grega, a comédia tem como nó central o triângulo constituído pela mulher, a figura masculina paternal que a aprisiona (o velhote) e o jovem rival que pretende salvá-la da clausura.

Não surpreende, então, que a relação que Arnolfo mantém com o feminino seja indissociável de uma relação privilegiada com a aforização proverbial. Consideremos este excerto do ato I, no qual ele defende sua posição diante do amigo Crisaldo, bastante mais moderado em matéria de educação de mulheres:

> **Arnolfo**
> Desposar u'a simplória é por não ser simplório,
> Vossa metade tenho eu, como bom cristão,
> Por recatada assaz; mas é que na questão
> Uma criatura esperta é sempre augúrio péssimo;
> E sei o que pagou, já, em frontal acréscimo
> Muita gente de bem que, para o seu lamento,
> Se atrelou com mulher dotada de talento.
> Não vou eu impingir-me alguma espirituosa
> Que pintará o diabo e o sete em verso e em prosa,
> Que tão só falará cenáculos, salões,
> E a quem visitarão galãs e sabichões,
> Enquanto num canto, eu, marido de Madame,
> Serei santo qualquer, sem que ninguém me reclame.
> Não! Fêmea que compõe sabe mais do que deve,
> E não vou ter mulher que o espírito a algo eleve;
> Quero que da ignorância ela seja a obra-prima,
> E que não saiba até nem mesmo o que é uma rima;
> E se por sua vez, no jogo de cestinha,
> Vierem lhe perguntar: "Em *inha* que continha?"
> Eu quero que responda: "Um prato de mingau."
> Pretendo, enfim, que seja ignara em alto grau:
> E basta que ela saiba, além de olhar-me a roupa,
> Rezar, gostar de mim, e preparar-me a sopa.*

* N.T.: Trata-se de uma conhecida tradução de Millôr Fernandes para o Círculo do Livro, 1975.

Arnolfo profere, aqui, enunciados que se apresentam como "provérbios": "Desposar u'a simplória é por não ser simplório", "Uma criatura esperta é sempre augúrio péssimo", "Fêmea que compõe sabe mais do que deve", assim como a generalização conclusiva no final, isto é, favorável à retomada por outros locutores: "E basta que ela saiba, além de olhar-me a roupa / Rezar, gostar de mim, e preparar-me a sopa". Essa generalização poderia se converter facilmente em provérbios: "A uma boa mulher, basta saber rezar"; "A uma mulher, bastam cozinha e costura" etc.

Mas não podemos apreender esses pseudoprovérbios apenas no nível da interação entre os personagens. Seguramente o locutor é Arnolfo, mas por trás desse locutor há também um autor, um dramaturgo: é a "dupla enunciação" que funda o teatro. Inseridos no conjunto da peça, os provérbios de Arnolfo estão circunscritos num dispositivo enunciativo diferente, uma comédia, que repousa sobre valores tanto morais quanto estéticos: instruir e agradar.

Mas cuidemos de não nos confundir:

- Há o ponto de vista que o espectador atribui espontaneamente ao autor: em *Escola de mulheres*, temos a sensação de que o personagem Crisaldo, que encarna o "bom-senso", a moderação, defende as ideias do autor.
- Há o ponto de vista do arquienunciador,[3] que decorre da interação dos pontos de vista dos personagens. Ainda que Molière possa defender suas ideias por meio de Crisaldo, a peça revela uma complexidade que está muito além das ideias assumidas por este ou aquele personagem: o arquienunciador é um dramaturgo imerso no dialogismo, no sentido bakhtiniano.

Caso se admita que a enunciação literária reflete as condições que a tornam possível (Maingueneau, 2006), pode-se dizer que a enunciação de Molière dramaturgo implica uma relação muito menos unívoca com o feminino do que a dos personagens. Seu teatro libera forças que excedem a doxa assumida pelo texto da peça. A comédia clássica dá, necessariamente, razão aos personagens de bom-senso, mas, para ser plenamente um autor dramático, Molière deve pactuar com um feminino que excede o espaço doméstico.

Pode-se, com isso, apontar as zonas de recobrimento entre o dramaturgo e esse feminino que é denunciado nos provérbios:

- A palavra teatral se desdobra num espaço que, como nos salões, é ao mesmo tempo um dentro e um fora da casa. O teatro é uma "casa" impossível, devotada a pôr signos em movimento segundo uma economia que desafia o mundo ordinário do provérbio.

- Como ator e dramaturgo, Molière deve assumir o fardo, o disfarce, a transformação que faz o espetáculo nos movimentos do corpo, nos objetos de cena, nas palavras de ficção...
- A mulher, como o dramaturgo, tem toda sua atividade em torno da palavra: ler romances ou poemas, produzi-los, colecioná-los para comentá-los.
- Essa palavra cria um universo ficcional, investe o corpo de modo que suscite um contágio físico com os espectadores. Ela não é feita para transmitir pensamentos, mas para seduzir, para chacoalhar os espectadores.

O poder da experiência estética é precisamente obrigar os que dela participam – incluídos aí todos os amantes dos provérbios que podem estar na plateia – a pôr provisoriamente em suspenso a estereotipação ou, pelo menos, a entrar nesse jogo. A configuração da peça é tal que se torna difícil para os espectadores não adotar o ponto de vista do par amoroso. É a contrapartida de qualquer princípio de prazer sobre o interdito, mas é também uma contestação das categorias dóxicas que permitem ordenar o mundo: a experiência estética – aliás, qualquer que seja o conteúdo das teses defendidas em cena – abre uma zona franca, um excesso inescapável que cada espectador gere de maneira pessoal.

Tradução de Luciana Salazar Salgado

Notas

1 Considere-se que, só na Espanha, J. Jara Ortega (1953) coletou mais de 2.500 provérbios sobre as mulheres. Em 1842, P. M. Quitard publicou uma lista de provérbios franceses: *Proverbes sur les femmes, l'amitié, l'amour, le mariage.* [*Provérbios sobre as mulheres, a amizade, o amor, o casamento*]. Não existe nada parecido concernente ao masculino...

2 Há na Espanha outras coleções, mais ricas, por exemplo, a de Campos e Barella (1975).

3 Registre-se que, aqui, entende-se por *arquienunciador* uma instância à qual é atribuída a enunciação do conjunto de uma obra dramática, que está, portanto, acima dos enunciadores singulares, que são os diferentes personagens.

Referências

Ali Bouacha, M. Enonciation, argumentation et discours: le cas de la généralisation. *Semen*. Université de Besançon, n. 8, 1993, pp. 41-62.

BARROS, A. de. *Refranero español*. Madrid: Ediciones Ibericas, 1968.

CAMPOS, J.; BARELLA, A. *Diccionario de refranes*. Madrid: Espasa-Calpe, 1975.

DANBLON, E. *Rhétorique et rationalité. Essai sur l'émergence de la critique et de la persuasion.* Editions de l'Université de Bruxelles, 2002.

DUCROT, O. *Le Dire et le dit*, Paris: Minuit, 1984.

GREIMAS, A. J. Os provérbios e os ditados. Trad. Katia Harim Chalita. In: GREIMAS, A. J. *Sobre o sentido*: ensaios semióticos. Petrópolis: Vozes, 1975, pp. 288-95.

JARA ORTEGA, J. *Más de 2.500 refranes relativos a la mujer*: soltera, casada, viuda y suegra. Madrid: Instituto Editorial Reus, 1953.

KOLODZIEJCZYK, A. *La Comicidad verbal en el texto paremiologico (el ejemplo de los refranes referidos a la mujer)*, memorial apresentado para a cadeira de Filologia Romana da l'Université de Lodz, 2001.

MAINGUENEAU, D. *Féminin fatal*. Paris: Descartes et HCL, 1999.

______. *Discurso literário*. Trad. Adail Sobral. São Paulo: Contexto, 2006.

______. *Cenas de enunciação*. Trad. Perez-e-Souza; Possenti et al. São Paulo: Parábola, 2008a.

______. L'énonciation aphorisante, in *Conferencias do v Congresso da Associaçao Brasileira de Linguística*. Trad. Cristófaro Silva; H. Mello (eds.). Belo Horizonte: UFMG, 2008b, pp. 155-64.

MAURON, C. *Psychocritique du genre comique*: Aristophane, Plaute, Térence, Molière. Paris: José Corti, 1964.

MELEUC, S. Etude distributionnelle de deux polysémies lexicales – Référence, prototypie, prédication. *Linx*, n. 40, 1999, pp. 95-116.

QUITARD, P. M. *Proverbes sur les femmes, l'amitié, l'amour et le mariage*. Paris: Garnier, 1842.

Corinthians, jogai por nóis: fórmulas alteradas

Sírio Possenti

Estava à procura de um tema e de um *corpus* para dar conta do compromisso de escrever um texto para este volume. Mas, apesar do tempo escasso, não podia deixar de ver um jogo importante de meu time (ainda estava em férias, na verdade, se é que podem ser chamados de férias os períodos sem aula dos atuais professores universitários, já que as orientações não param e os meses das supostas férias são exatamente aqueles em que os prazos das agências de fomento se esgotam). Pois foi acompanhando o passeio da câmera pela arquibancada, logo antes do início do jogo, que surgiu um dado e logo a decisão de fazer um texto a partir dele, sobre ele e sobre outros semelhantes.

Evidentemente, se eu não estivesse mergulhado no estudo de textos breves, especialmente de piadas e, ultimamente, de fórmulas (acabara de traduzir um livro sobre o tema, em parceria com Luciana S. Salgado), um certo cartaz não teria chamado – ou retido – minha atenção. Ele foi a maçã que caiu na minha frente, se me compreendem. Poderia dizer que foi minha banheira, para fazer um jogo com uma palavra que retoma a anedota que termina em "eureka", dado que a palavra "banheira" designa popularmente também a posição ilegal de um jogador em uma partida de futebol. Portanto, circula, em dois sentidos da palavra, no *campo* do futebol.

O que se podia ler no cartaz, o leitor deve ter adivinhado (e com isso ele pode descobrir algo completamente irrelevante, o "meu time"), era exatamente o título deste trabalho. A fórmula, como se sabe,[1] é construída sobre uma das invocações de conhecida ladainha católica (*Estrela da Manhã, rogai por nós; Arca da Aliança, rogai por nós...*). A estrutura é claramente a mesma: em primeiro lugar, um "aposto" de Maria em função de vocativo, um de uma longa lista, e, em seguida, a súplica. Respectivamente, na ladainha, "Estrela da Manhã" etc., e, no cartaz levado ao estádio, "Corinthians"; na ladainha, a súplica repetida a cada invocação é "rogai por nós", de acordo com o papel de intercessora atribuído à Virgem Maria pela teologia católica; no cartaz da arquibancada, em seu lugar, um decalque quase idêntico da fórmula, quanto ao significante, evidentemente: "jogai por nós".

Destaque-se a manutenção da forma verbal, praticamente desaparecida, exceto precisamente em fórmulas arcaizantes, no cartaz modesto, popular. Evidência poderosa de que se trata de uma fórmula, da retomada de uma fórmula, pois que esta segunda pessoa verbal (jogai) não aparece na língua dos torcedores, ainda mais se de origem *modesta*. Que o torcedor pertence a este estrato social é forte indício o papelão simples com que seu cartaz foi confeccionado: pedaço de caixa, de embalagem de produtos. *Popular* por várias razões, uma das quais a denúncia do *status* do torcedor pela grafia "nóis".

Há um texto sob o texto, como se vê, que é uma fórmula, e a nova "fórmula", calcada na primeira, produz efeitos específicos, em parte diferentes, pela passagem de um campo a outro – do religioso ao esportivo – sem perda, no entanto, de seu valor de súplica. Seu sentido é, pois, o ato de fala de um torcedor que se dirige ao time "de seu coração" suplicando que jogue por ele. Isto é, que seja vencedor, mas que faça isso por ele, torcedor (torcedor pensa que vence com a vitória de seu time!), como se o jogo, o bom jogo do time, beneficiasse de fato ao torcedor (o que não deixa de fazer, vicária ou imaginariamente). Segundo um discurso corrente no campo esportivo, pelo menos no Brasil, as razões da vitória de um time podem ser diversas, de ordem tática, técnica ou física, quiçá psicológica. Mas, para os torcedores (numerosos pronunciamentos o confirmam), o que decide um jogo é a dedicação dos atletas, sua entrega, a raça. E, se não é o que decide o jogo, é o que faz com que o torcedor não se revolte contra a equipe em caso de derrota (aceita-se que perca, desde que com raça). Talvez essa característica seja ainda mais típica quando se trata do time em questão. Daí que, possivelmente, "jogai por nós" signifique tanto "jogai para nosso bem" quanto "esforçai-vos ao máximo, e fazei isso por nós, para nós". O que também pode significar: "não vos contenteis com vossos salários (e demais benesses); pensai nos (pobres) torcedores". Em suma: sede raçudos!

Duas observações, para resumir esta já longa introdução: a) trata-se de um caso de circulação de fórmulas, atestado e teorizado em primeiro lugar por Jean-Pierre Faye, em sua análise de "stato totale" (fórmula mussoliniana), traduzido para "Totale Staat" quando se desloca da Itália para a Alemanha de Hitler. Trata-se, no caso, de circulação geográfica. Mas, como a fórmula aparece também em textos comunistas, na Alemanha da época, segundo informa Faye, isso quer dizer que ela transpõe também fronteiras ideológicas, passa de uma formação discursiva a outra(s) (ver Krieg-Planque, 2010); b) o exemplo não pode deixar de fazer lembrar o caso "on a gagné", um grito de torcedores que migra do campo esportivo para o político, quando proferido por eleitores na rua, após a vitória de Mitterand nas eleições francesas de 1981 (ver Pêcheux, 1988). O caso aqui comentado assemelha-se mais a "on a gagné", isto é, trata-se antes de tudo da passagem da fronteira entre dois campos diversos do que de passagem de limites entre formações discursivas. Embora o fenômeno seja aqui menos espetacular, sua lógica é a mesma: a fórmula atravessa os limites dos campos e sofre, quando é o caso, adaptações: no caso em tela, a substituição de "rogai" por "jogai" é uma imposição das condições objetivas (seria estranho que torcedores pedissem a seu time que rezasse ou suplicasse, como se fosse um intermediário), mas também serve para preservar o caráter de fórmula, explorando, além disso, ou para isso, um jogo de linguagem.

Em diversos campos (literário, político, religioso, científico...), os efeitos das alterações que se fazem nos textos podem ser diferentes, e nem sempre tão claros. O mesmo se diga dos efeitos de sentido. Por isso, a análise da tênue linha divisória que vai da citação ao plágio, mas também da citação à paródia, por exemplo, requer ferramentas e critérios específicos.

Entra em cena, por exemplo, a questão da *particitação* (Maingueneau, 2006a). Especificamente, trata-se de uma espécie de teste da particitação. Não é certamente a mesma coisa enunciar, assumindo, não mencionando o lugar ou a autoria do enunciado, "a terra é redonda", "toda ação provoca uma reação", "a língua é um sistema", "durante muito tempo fui dormir cedo", "o discurso é efeito de sentido entre interlocutores", "não há verdadeira relação sexual", "que seja infinito enquanto dure", "a terra é redonda e chata aos domingos",[2] "há uma manga na carta".

Mas, em alguns aspectos, esses fatos, e muitos outros, se assemelham: trata-se de "fórmulas" (breves, correntes, reproduzíveis, modificáveis). Sofrem e produzem os efeitos típicos associados aos enunciados no interdiscurso: retomam, modificam, contradizem, evocam etc. outros enunciados. Eventualmente, em *corpus* menos condicionado pela busca da "verdade", como é o caso do analisado tipicamente por Foucault, pode tratar-se mais de paródia, ou mesmo apenas de um jogo fundamentalmente lúdico, pelo menos em aparência. (Pensava em acrescentar que tais enunciados são *um nó em uma rede*, sem remeter explicitamente a Foucault, mas temi que alguns pensassem que estaria plagiando o pensador francês e que outros tantos buscassem razões secretas para o fato de eu não creditar a bela e sagaz expressão a algum colega brasileiro...) (ver Foucault, 1969).

Após ter comentado – descrito e interpretado – mais ou menos livremente a "súplica" daquele corintiano anônimo na arquibancada, creio ser necessário explicitar em poucas palavras o quadro no interior do qual este trabalho se inscreve. Poderia dizer que se trata de intertextualidade e/ou de interdiscursividade (ver Fiorin, 2006), mas creio que seria pouco, ou pouco exato, por mais que a afirmação fosse verdadeira.

Na continuação, este trabalho, retomando sumariamente noções de Maingueneau (destacabilidade, particitação, percurso) e de Krieg-Planque (fórmula), analisará um pequeno conjunto de enunciados cujas características fundamentais são sua brevidade e o fato de retomarem outros enunciados, também breves, que circulam de forma mais ou menos fixa. A *destacabilidade* diz respeito ao fato de que há enunciados que são postos a circular separados de seus textos e de seus "contextos" de origem, em função de características formais e de sentido (ver Maingueneau, 2006b). A noção de *particitação* dá conta do fato que caracteriza a citação de enunciados (títulos, *incipits*, frases famosas...) sem menção de seus autores, por "decisão" de uma comunidade de discurso – ou por aposta do autor de que se trata de um jogo de memória de que a comunidade partilha (ver Maingueneau, 2006a). *Fórmula* designa formas breves de diversas dimensões (frases, sintagmas, palavras) que, em certas épocas e em função de certos acontecimentos, circulam pelo interdiscurso e condensam sentidos e são o centro de polêmicas (ver Krieg-Planque, 2010). *Percurso* designa o fato de que determinadas fórmulas (agora em sentido até mais amplo) circulam pelo interdiscurso (ver Maingueneau, 2006c), produzindo, em cada formação discursiva ou posicionamento em que ocorrem, em razão também de relações específicas que se estabelecem nestes espaços, efeitos de sentido eventualmente particulares.

Pretendo verificar especialmente, e brevemente, três aspectos: a) em que medida se trata de particitação; b) qual o efeito "dominante" que a enunciação de tal enunciado produz: humor, polêmica, derrisão etc., e o *ethos* correspondente; c) se corresponde, em cada caso, de captação ou subversão (Grésillon e Maingueneau, 1984). Em todos os casos, farei uma descrição mais ou menos minuciosa de cada frase/fórmula, seguindo os preceitos de Pêcheux (1988).

Tratarei de uma "alteração" de provérbio por Millôr Fernandes, em entrevista ("De noite, todos os pardos são gatos"), do texto de uma tira de Veríssimo ("A terra é um planeta redondo e chato aos domingos") e de uma manchete do suplemento especializado em culinária de um jornal conhecido ("Uma manga na carta").

A análise verificará (ou pelo menos assinalará) os aspectos alterados e os elementos mais comumente explorados: ordem das palavras (gatos/pardos; carta/manga), alteração das palavras (achatada/chata) etc. Em seguida, se tais modificações levam os enunciados para campos diferentes do original, se se trata de captação ou de subversão. Finalmente, algumas observações serão feitas sobre o tipo de comunidade discursiva de que se trata em cada caso, especialmente se são fatos sociológicos (campo literário, científico, humorístico...), ou se tal comunidade é uma espécie de projeção da enunciação (o conjunto dos leitores empíricos que coincidem com os leitores-modelo de tais textos...).

Millôr Fernandes, que também no gênero "frases" é quase insuperável, disse, em entrevista à revista *Época* (14 jun. 2004), a propósito de questões raciais e do sucesso de grupos musicais compostos basicamente por negros, que também fariam sucesso com as garotas, que "De noite, todos os pardos são gatos". O dado merece comentários passo a passo. Pela ordem: 1) compare-se este texto com o conhecido provérbio "De noite, todos os gatos são pardos", que se aplica, evidentemente, a múltiplas situações e personagens; 2) a comparação permite descobrir os diferentes sentidos de "gatos" nas duas ocorrências (simplificando: felídeos e rapazes bonitos); e 3) as diferentes conotações de "pardo": cor entre o branco e o negro (segundo o dicionário *Houaiss*), que se predica de diferentes indivíduos ou grupos, humanos ou não; e, com conotação étnica (ou racial), um quase sinônimo de mulato (ainda segundo o *Houaiss*); 4) descobre-se também que "de noite", num caso, indica que é a ausência de luz que impede de discernir a coloração (dos gatos) ou é a falta de clareza ("noite" é uma metáfora) que impede de separar os honestos dos desonestos, o joio do trigo etc.; no outro, designa, evidentemente, uma parte das 24 horas do dia (a noite), e a conotação é mais cultural do que "cronológica", por assim dizer, porque se refere ao período do dia em que tipicamente ocorrem as festas e também está mais associada à vida afetiva (para usar um eufemismo); 5) "de noite, todo os pardos são gatos" soa como provérbio, embora alterado, e, por isso, não deixa de pretender veicular uma verdade, talvez uma verdade nova: o fim ou a diminuição do racismo. Ou o fim ou diminuição do racismo quando se trata de determinadas pessoas, as que fazem sucesso, os artistas...

Trata-se de uma alteração que implica subversão, uma das modalidades de desvio. Primeiro, porque rebaixa o verdadeiro provérbio a uma espécie de paródia; segundo, porque a frase vai na contramão das teses dominantes no que se poderia chamar, sem muita precisão, de discurso racista; mas, ao mesmo tempo, opõe-se a este discurso, na medida em que afirma (assevera, talvez sobreassevere) que, em certos domínios ou contextos, não só os negros (pardos) não são discriminados como são até mesmo privilegiados, atraindo mais atenção que os brancos. Trata-se de um *ethos* ao mesmo tempo galhofeiro – na medida em que o locutor aposta que o ouvinte estabelecerá uma relação entre esta frase e o provérbio original – e algo solene, na medida em que o locutor pretende proferir uma verdade não comum, não corrente. Ao mesmo tempo nova e oposta à considerada dominante.

São semelhantes entre si, e também a "Corinthians: jogai por nós", as frases "Brasil? Fraude explica" (Carlito Maia) e "No carnaval, alegoria de pobre dura pouco" (Agamenon Mendes Pedreira),[3] especialmente no quesito decalque. Uma modifica minimamente "Freud explica", e a outra faz o mesmo com "alegria de pobre dura pouco". Mas ambas se assemelham à sacada de Millôr por serem captações, isto é, por se constituírem em frases que, em relação às "originais", passam a ser fórmulas enunciáveis em espaços bastante diferentes. "Fraude explica" se funda, quanto ao significado, no *topos* da corrupção, mantendo, de "Freud explica", a ideia de que tem explicação até mesmo o que parece não tê-la. "Alegoria de pobre dura pouco" também mantém o sentido de que coisas boas passam depressa, especialmente para os pobres, mas agora a referência é direta ao carnaval, e se faz pela palavra "alegoria", que designa um dos ingredientes mais característicos da festa. Nos dois casos, o *ethos* é galhofeiro e ao mesmo tempo algo solene, já que as frases têm as características dos chistes, mas com pretensão de serem "universais", como as enunciações aforizantes (Maingueneau, 2007).

Em uma tira da série Cobras, assim que duas delas nascem, uma pergunta à outra: "O que diz aí o seu manual de instrução sobre a Terra?". A resposta, em dois quadros, é: "A Terra é um planeta redondo chato nos polos... e nos domingos sem futebol".[4] Importa basicamente o trecho "A terra é um planeta redondo chato nos polos...". Também neste caso há uma alteração, desta vez, em primeiro lugar, de um enunciado corrente da cosmologia, "a Terra é redonda e achatada nos polos". A palavra "achatada" é substituída por "chata". Quando qualifica os polos, continua com o sentido de achatada, isto é, plana, menos arredondada. No entanto, quando se aplica aos domingos sem futebol, é um termo informal que significa "maçante", "enfadonho". Assim, ao mesmo tempo, tem-se uma fórmula que retoma outra, de outro campo, que parece permanecer nele por um instante, mas que logo deriva para outro, e exigindo outra leitura de "chato". De novo, o mesmo *ethos* galhofeiro. Sem, no entanto, a contraparte solene, moralizante. Agora, antes de tudo, é de um lamento que se trata, mas este lamento não é da ordem da decepção diante da corrupção, como num dos exemplos anteriores, e sim diante da ausência de uma diversão que muitos até considerariam pouco elevada, já que o futebol é um esporte popular.

O suplemento "Paladar" (que sai às quintas-feiras no jornal *O Estado de S. Paulo*) tem se caracterizado por manchetes bem humoradas, à base de alusões ou de trocadilhos. Eis alguns: "uma manga na carta" (compare-se com "uma carta na manga"); "osso mole de comer" ("osso duro de roer"); "um sabor que se discute" ("gosto não se discute"); "o incrível exército de panetone" ("o incrível exército de Brancaleone"); "com que cerveja eu vou?" ("com que roupa eu vou?"); "os cozinheiros também comem" ("os brutos também amam"); "metidos a pesto" ("metidos a besta"). O fato de que "Paladar" se caracteriza de certa forma pela abundância de manchetes com este traço é perfeitamente compatível com uma série de outros traços que caracterizam a prática da culinária como um espaço agradável e masculino, por oposição à cozinha, espaço de rotinas femininas. Mas, aqui, não tratarei desta questão.[5] Tratarei apenas de uma dessas frases, "uma manga na carta". Ela é a chamada de capa de um dos cadernos, ilustrado com interessantíssima fotografia de pedaços de manga elegantemente cortados e distribuídos, como de um prato de restaurante elegante. Sua análise exige pelo menos que se considere tratar-se de uma alusão ou retomada, isto é, exige que se explicite a relação entre um texto antigo e este, que se constrói a partir daquele, "(ter uma) carta na manga". Ter "uma carta na manga" significa "valer-se de um recurso decisivo e inesperado, na última hora", como o jogador que apresenta, tirada da manga, uma carta decisiva quando parece que o jogo está perdido (ele trapaceia).

Ter "uma manga na carta" se constrói pela inversão da ordem das palavras, mas não só. Esta mudança implica, de fato, uma mudança de seu sentido (como em "todos os pardos são gatos"): na expressão original, "carta" é uma peça do baralho e "manga" é uma parte de uma vestimenta – um casaco, um paletó, tipicamente. Na manchete, "manga" é uma fruta tropical, mais ou menos popular, e "carta" é um dos sinônimos de cardápio. Mas, curiosamente, apesar da inversão da ordem das palavras e de seu sentido ser bem diferente na nova formulação, a manchete também produz o efeito de surpresa da fórmula original: é que ter uma manga na carta, segundo "Paladar", longe de ser uma concessão ao gosto popular, é uma descoberta inovadora, por isso surpreendente. Assim, um restaurante que tiver (oferecer) uma manga na certa terá uma carta na manga, um trunfo (outra expressão do jogo de cartas) a seu favor. E, certamente, a expressão "ter uma manga na carta" não mantém o sentido de trapaça, como na forma original.

Os poucos exemplos aqui comentados poderiam ser multiplicados aos milhares. Está diante de mim um recorte no qual vejo o título "É rum, hein!" (*O Estado de S. Paulo*, 26 fev. 2010), encimando nota que fala da visita do presidente Lula a Cuba (o rum é uma bebida originária das Antilhas, como se sabe). A fórmula remete, obviamente, a "É ruim, hein!", e produz efeitos de sentido tanto associados ao álcool (as associações mais ou menos livres relembrarão a imagem mais ou menos negativa de Lula, que seria dado ao consumo de bebida alcoólica) quanto à política (a posição de Lula em relação ao regime cubano, considerando-se, em especial, que, durante sua viagem, ocorreu a morte de um preso de consciência que fazia greve de fome). Por outro lado, acabo de ver anunciado, de comprar e de ler *O cânone acidental*, livro de poemas de Marco Catalão, cujo título faz óbvia alusão ao *cânone ocidental* e cuja leitura mostrará (é um caso extremamente interessante de particitação) a qualquer leitor que conheça um conjunto mínimo de poemas do cânone poético da língua portuguesa que o título não é inocente, mas faz parte evidente do jogo.

Seria impossível fazer uma lista minimamente representativa do fenômeno (mas não posso deixar de mencionar "Os espelhos deviam pensar duas vezes antes de refletir", Jean Cocteau; "Atrás de todo homem bem-sucedido há uma mulher muito espantada", Maryon Pearson; "O homem político é um animal", Agamenon Mendes Pedreira; e "Todo vagabundo tem um nome a lazer", do mesmo Agamenon, citadas no livro de Ruy Castro mencionado na nota 3). Talvez a particitação seja, não só no campo literário, mas também no jornalístico, e com toda a certeza no humorístico, uma das estratégias discursivas hoje predominantes. Tudo, ou cada vez mais, é citação. Trata-se de um jogo muito mais apegado às formas alusivas do que aos conteúdos doutrinários. Estes, quando surgem, o fazem mais frequentemente na fórmula alterada – a contrapelo das verdades estabelecidas ou tradicionais, e para pô-las em questão.

Ou será para jogar com os leitores? Ou seja, não é que não mais se enuncie para defender posições, como se, de fato, as ideologias tivessem chegado ao fim, mas, aparentemente, cada vez mais isso se faz sobre e a partir do antigo, alterando, retomando, aludindo. O que pode significar que o jogo textual está de fato prevalecendo sobre hipotéticas remessas diretas ao mundo.

Notas

1 Esta incisa é aqui fundamental, como se verá.

2 Ver nota 4, adiante.

3 Segundo anota Ruy Castro em *Uma antologia definitiva de frases venenosas*, publicado pela Companhia de Bolso, 2002.

4 Devido às falhas habituais de minha memória, já citei esta tira infielmente. Para mim, a resposta era: "A terra é redonda e chata aos domingos". Acho que ainda vou mandar esta sugestão de resposta ao autor.

5 Espero tratar dela em outro trabalho, brevemente.

Referências

ÉPOCA, Rio de Janeiro, editora Globo, n. 317, 14 jun. 2004.

FIORIN, J. L. Interdiscursividade e intertextualidade. In: BRAIT, B. (org.). *Bakhtin, outros conceitos-chave*. São Paulo: Contexto, 2006, pp.161-93.

FOUCAULT, M. *A arqueologia do saber*. Trad. Luiz Felipe B. Neves. Rio de janeiro: Forense Universitária, 1969.

GRÉSILLON, A.; MAINGUENEAU, D. Polyphonie, proverbe e détournement ou un proverbe peut en cacher un autre. *Langages*, 73. Paris, Didier-Larousse, 1984, pp. 112-25.

KRIEG-PLANQUE, A. *A noção de "fórmula" em análise do discurso:* quadro teórico e metodológico. Trad. Sírio Possenti e Luciana S. Salgado. São Paulo: Parábola, 2010.

MAINGUENEAU, D. A noção e hiperenunciador. In: POSSENTI, Sírio; SOUZA-E-SILVA Maria Cecília P. de (orgs.). *Cenas da enunciação*. Vários tradutores. São Paulo: Parábola, 2006a, pp. 93-111.

______. Citação e destacabilidade. In: POSSENTI, Sírio; SOUZA-E-SILVA Maria Cecília P. de (orgs.). *Cenas da enunciação*. Vários tradutores. São Paulo: Parábola, 2006b, pp. 75-92.

______. Unidades tópicas e não-tópicas. In: POSSENTI, Sírio; SOUZA-E-SILVA Maria Cecília P. de (orgs.). *Cenas da enunciação*. Vários tradutores. São Paulo: Parábola, 2006c, pp. 12-26.

______. L'enonciation aphorisante. In: CHISTÓFARO SILVA, T.; MELLO, H. R. *Conferências do v Congresso Internacional da Associação Brasileira de Linguística*. Belo Horizonte, Editora da Faculdade de Letras da Universidade Federal de Minas Gerais, 2007, pp. 155-63.

PÊCHEUX, M. *Discurso*: estrutura ou acontecimento. Trad. Eni P. Orlandi. Campinas: Pontes, 1988.

VASQUES, Tutty. *O Estado de S. Paulo*, São Paulo, 26 fev. 2010, p. C10.

Breves notas sobre fórmulas e citação

Fabiana Miqueletti

Neste capítulo, investigamos o regime de citação de sequências de palavras que, da perspectiva discursiva, se fixaram, constituindo uma espécie de "sequência natural", um significante único, ou uma unidade semântica que ecoa um discurso anterior. Em termos "bakhtinianos", são "habitadas" de sentidos dados pelos outros (ou "ocupadas" por outros discursos), o que põe um problema para aqueles que as empregam, porque se trata de formulações socialmente marcadas. Por estas propriedades discursivas (resumir um discurso, acionar um arquivo), os significantes são candidatos a fórmulas, no sentido de Krieg-Planque (2003; 2010). A autora emprega o termo "fórmula" em um sentido bastante preciso, o qual procura explicitar segundo a apresentação de quatro características ou propriedades essenciais: 1) sua forma cristalizada; 2) sua inscrição discursiva; 3) sua condição de referente social; e 4) seu caráter polêmico. No entanto, todas estas quatro propriedades são relativizadas, isto é, podem não se manifestar de modo uniforme. Assim, uma fórmula é um pouco uma questão de gradação, conforme ela tenha mais ou menos claramente as quatro características.

Para fins de análise, destacamos duas de suas propriedades constitutivas e interdependentes: referência social e polêmica. A fórmula tem de ter um uso que lhe associe um referente social e outro que polemize com essa significação anterior. As fórmulas (como expressões sintéticas, textos curtos) condensam uma massa de discursos, formulações que se equivalem ou não (do ponto de vista de seu tratamento semântico), o que significa enunciar sentenças, sintagmas que carregam significações prévias e múltiplas (às vezes, contraditórias) e marcam um posicionamento. Outra propriedade constitutiva da fórmula é a polemicidade, ou o fato de constituir um objeto de polêmica explícita. Ao mesmo tempo em que, historicamente, constitui uma evidência, ela também é alvo de questionamentos. As fórmulas estão investidas de disputas sociopolíticas, o que explica, segundo a autora, os seus usos polêmicos, conflituosos. O caráter polêmico da fórmula se manifesta, segundo Krieg-Planque, quando a própria expressão impõe dificuldades aos seus usuários. A fórmula é, portanto, essencialmente dialógica, daí a sua percepção corrente como palavra de outrem.

Assumimos que as expressões aqui destacadas estão associadas a um referente social e, por conta disso, tornam-se lugares de polêmica. Estas expressões – tecnicamente, sintagmas nominais e sentenças generalizantes que expressam uma espécie de "verdade compartilhada" – são consideradas como fazendo parte do léxico de uma comunidade ou lugar discursivo no campo filosófico, marcam a "singularidade" deste posicionamento. Neste sentido, são reconhecidas como constituindo uma unidade significante, na medida em que certas proposições, questões etc. podem ser associadas a elas. Ao cobrir as suas ocorrências no interdiscurso, registramos que podem ser acolhidas ou integradas na textualidade como discurso de outrem, sob a forma ou estilo formulaico (e assim o são também explicitamente categorizadas).

Ao atribuirmos o estatuto discursivo de fórmulas a estas formas linguísticas, considerando a sua circulação/recepção no interdiscurso, em contextos de menção, criamos as condições para fazer funcionar, nas análises, algumas categorias novas da Análise do Discurso, pensadas por Dominique Maingueneau (2006; 2007) para dar conta de regimes especiais de citação, entre eles o das fórmulas: *enunciação aforizante*, *particitação* e *hiperenunciador*.

Do ponto de vista da sua organização, este capítulo divide-se em três momentos: no primeiro, destacamos a teoria, apresentando estas categorias que pretendem dar conta da citação de expressões de certo tipo, as fórmulas. A seguir, brevemente, comentamos os nossos dados, provenientes de diferentes gêneros discursivos do domínio jornalístico e acadêmico, defendendo a sua caracterização como "fórmula". Por fim, exemplificamos com duas análises baseadas nos conceitos e categorias anteriormente apresentados.

Novas categorias

O conceito de *aforização* ou *enunciação aforizante*, segundo Maingueneau (2007), descreve o funcionamento dos enunciados destacados.

O autor chama atenção para a ambiguidade do termo: "destacado" pode fazer referência à dissociação completa do enunciado do seu contexto original (é o caso dos provérbios ou fórmulas sentenciosas que pressupõem um rompimento com o texto de origem); ou então "destacado de um determinado texto", procedimento que se inscreve na lógica tradicional da citação. A *aforização* corresponde, em princípio, a uma forma de citação de enunciados autônomos, descontextualizados, desprovidos de um gênero do discurso, independentes de um contexto, que podem ser reinscritos em outros gêneros textuais e contextos, e que, no uso corrente, recebem designações diversas, ou seja, são socialmente percebidos como "fórmulas", "pensamentos", "máximas" etc. Maingueneau (2007) diz que o essencial é a tensão (percebida pelo analista, que detém uma competência discursiva para reconhecer um enunciado "sentencioso") entre uma *aforização* e o texto que a acolhe. Em geral, a enunciação aforizante não se confunde com os demais enunciados que pertencem ao texto. A aforização implica que determinada sequência textual funcione ilocutoriamente como um enunciado absoluto.

O conceito da "aforização" designará, portanto: "o regime enunciativo específico dos chamados 'enunciados destacados'", isto é, "enunciados curtos, na forma oral ou escrita, representados, em geral, por uma única frase, que são retirados de seu contexto original" (Maingueneau, 2007: 155).

Maingueneau relaciona a noção de fórmula e o conceito de aforização à polifonia: o enunciador relata uma enunciação que não é sua, mas garantida por um enunciador genérico, universal, "todo mundo", ou uma subjetividade particular. Assim, a enunciação aforizante pode ser de dois tipos: a "sentenciosa" e a "pessoal". A primeira concerne a enunciados autônomos e generalizantes (provérbios, adágios, ditos, *slogans*), é necessariamente polifônica, uma vez que o locutor atribui a responsabilidade pelo que disse a uma instância anônima (um hiperenunciador). A enunciação aforizante pessoal, ao contrário, atribui o dizer a um indivíduo (reproduz a opinião de alguém especificado) e não tem necessariamente o aspecto de enunciado generalizante.

Maingueneau faz um alerta sobre as "aforizações originais" (espécie de enunciação por aforismas):

> Podemos, no entanto, nos perguntar se existem exceções, ou seja, aforizações de algum modo primitivas, enunciadas como tal por um locutor. Tais enunciados existem. Podemos pensar naqueles produzidos pela Pitonisa, ou mais amplamente por algum adivinho ou guru que, perguntado, não responde

> por meio de argumentos ou de uma narrativa, mas proferindo um enunciado breve, enigmático, absoluto. Podemos falar aqui de citação, mas notamos que são necessários locutores muito específicos, que se apresentem como falando em nome de um Espírito que os inspira; o seu estatuto faz com que eles não pertençam ao mesmo mundo daqueles aos quais se dirigem. Desse modo, mesmo que a imensa maioria das aforizações pessoais resulte de um trabalho de destacamento textual, não podemos desconsiderar que, em determinadas situações de comunicação muito específicas, temos necessidade de aforizações ditas "originais", constituídas instantaneamente como tal. De fato, tudo se passa como se a aforização impelisse ao extremo a lógica da citação: a personalidade carismática produz de imediato uma aforização destinada ao comentário, numa espécie de autocitação original. Com a aforização, alcançamos o arcaico. Por meio dela, é a Verdade que se manifesta pela boca de um Sujeito soberano (Maingueneau, 2007: 161, tradução nossa).

Maingueneau chama atenção para a eficácia (devido à opacidade) deste tipo de citação descontextualizada a que corresponde a aforização. Para exemplificar, cita os versículos do Evangelho de São Marcos sobre o julgamento de Jesus, em que os testemunhos dos que querem condená-lo exibem (representam) as suas palavras como uma espécie de aforização sacrílega: "E, levantando-se alguns, testificaram falsamente contra ele, dizendo: Nós ouvimos-lhe dizer: Eu derrubarei este templo, construído por mãos de homens, e em três dias edificarei outro, não feito por mãos de homens" (Marcos, 14: 57-9). "Os que desejam condená-lo exibem uma aforização sacrílega, cuja ausência de contexto não tem nada de contingente: é a má natureza do Sujeito que é preciso denunciar, e não um enunciado de um gênero de discurso" (Maingueneau, 2007: 162, tradução nossa).

Se a noção de aforização descreve, nos termos de Maingueneau, "um regime enunciativo específico dos chamados 'enunciados destacados'" (2007: 155), no sentido de enunciados autônomos, a noção de *particitação* (fusão de "participação" e "citação") constitui, segundo Maingueneau (2006: 91), "um sistema de citação singular que se distingue da citação prototípica".

> A *particitação* difere da citação prototípica, daquilo que geralmente vem ao espírito quando se fala de "discurso citado": corte de um fragmento, explicitação de sua fonte, inserção de uma situação de comunicação de caso pensado em outra situação (com todos os problemas associados ao conflito de localização dêitica entre os dois espaços), distância variável entre mundo do discurso que cita e mundo do discurso citado em função da estratégia de modalização que o relator adota (Maingueneau, 2006: 91).

Na *particitação*, compara Maingueneau, o enunciado "citado" é autônomo, "porque ele já o é originalmente ou porque ele foi previamente autonomizado mediante sua extração de um texto" (2006: 92); a sua citação deve ser reconhecida como tal, sem indicação de sua fonte, ou realizada por intermédio de um verbo introdutor; "o enunciado citado é apresentado em seu significante" (2006: 92) ou o seu significante é restituído dentro de uma lógica à qual Maingueneau se refere como "de discurso direto, mas levada ao extremo": "o locutor que cita mostra sua adesão ao enunciado citado, que pertence àquilo que se poderia denominar um *Thesaurus* de enunciados de contornos mais ou menos fluidos, indissociável de uma comunidade onde circulam" (2006: 92), correspondendo, assim, a uma forma de coenunciação; e, por fim, supõe a figura de um hiperenunciador, uma entidade validante que funda os pontos de vista expressos pelo enunciador/locutor. Pode corresponder a um indivíduo (Deus, Cristo) ou a um "Sujeito Universal dóxico", no caso dos provérbios, ou a instâncias transcendentes ou institucionais (a Antiguidade, a Sabedoria, a Esquerda, os Democratas etc.). A questão aqui, segundo Maingueneau, é: que "modo de existência" deve-se conferir a entidades deste tipo?

> O *hiperenunciador* aparece como uma instância que, por um lado, garante a unidade e a validade da irredutível multiplicidade de enunciados do *Thesaurus* e, por outro, confirma os membros da comunidade em sua identidade, pelo simples fato de manterem uma relação privilegiada com ele [...] As práticas de *particitação* são, assim, ligadas a *ethe* discursivos característicos que cavam um desnivelamento enunciativo, e o locutor mostra com isso que ele é apenas o porta-voz contingente de uma Fala vinda não importa de onde, passível de ser assumida não importa por qual membro da comunidade (Maingueneau, 2006: 107).

Maingueneau compara o fenômeno da *particitação* ao discurso direto livre na ausência da fonte, mas os distingue em relação ao estatuto desta fonte anônima: enquanto no discurso direto livre citam-se enunciados da doxa (ou "discursos-clichê"), uma voz ordinária (enunciados atribuídos a uma pessoa qualquer), na *particitação*, os enunciados advêm de uma voz anônima "extra-ordinária" (a instância validante do enunciado corresponderia ao sujeito universal, ou à sabedoria popular, ou a entidades transcendentes etc.). No caso dos provérbios e adágios jurídicos, segundo Maingueneau,

> [...] o enunciador invoca um hiperenunciador, uma outra instância não nomeada – a sabedoria das nações ou do Direito francês – reconhecida pelos

> seus interlocutores, membros de uma comunidade de experiência, da mesma tradição (2006: 96).

Conclui Maingueneau que "o locutor que cita o DDL [discurso direto livre] se situa acima do propósito citado, ele não se encontra em uma lógica de coenunciação" (2006: 93). A ausência de fonte e de marcas formais indicativas de citação se explica na *particitação*, segundo Maingueneau, porque "o acordo entre as duas instâncias é tal que se faz inútil a presença de outras marcas de adesão ao PDV [ponto de vista]" (Maingueneau, 2006: 107).

Além dos provérbios e do adágio jurídico, Maingueneau dá como exemplos de *particitação* as fórmulas em sentido geral (qualquer enunciado curto e/ou genérico e autonomizado, com relativa estabilidade significante, e autor não explicitado), como os aforismas, as frases célebres ou citações conhecidas (como as fórmulas filosóficas, por exemplo), gritos de guerra, *slogans*, citações bíblicas etc. A *particitação* implica, assim, a inserção (citação) de enunciados sem autor, que pertencem ao *Thesaurus* de uma comunidade, ampla ou restrita, e são conhecidos por todos que dela participam.

É possível considerar os enunciados em itálico a seguir como casos de *particitação*: correspondem a formulações (opiniões) típicas de um discurso anterior e exterior ("ecos" da crítica à política tal como se apresenta na atualidade) e são retomados ou integrados no *continuum* dada a adesão dos enunciadores. Certos elementos do cotexto e a identificação dos enunciados a um posicionamento pressupõem que sejam proferidos no tom requerido (não se trata de tom triunfal, por exemplo). Cita-se o *Thesaurus* de uma comunidade ou doutrina.

> Um senador italiano, Mario Tronti, escreveu um livro ao deixar a política, dizendo que as forças do mercado igualaram a todos. *Não há mais autonomia do político*. Esse é um problema, mas não é o único (*Folha de S.Paulo*, 17 jun. 2006).

> Esperança coletiva, solidariedade social e política... Essas palavras eram as mais utilizadas em maio e junho de 1936 (quando a Frente Popular, uma coalizão dos partidos de esquerda então no poder, instituiu muitas leis trabalhistas, tais como a das férias remuneradas). Setenta anos depois deste "belo verão", o contraste é espantoso entre a França da Frente Popular, por vezes ingênua com o seu entusiasmo excessivo, em particular no plano internacional, e aquela do verão que está começando: *não há mais nenhum projeto coletivo*, instaurou-se uma angústia social multiforme, enquanto a solidariedade está em frangalhos diante dos avanços de uma verdadeira ideologia do individualismo (*Le Monde*, 15 jun. 2006).

O que pode explicar um procedimento discursivo – uma maneira específica de citar não é contingente – em relação às ocorrências registradas no nosso *corpus* (circunscrito a uma temática específica) é a "entidade" de origem destas proposições, o seu estatuto discursivo-pragmático, de discurso da doxa filosófica e do senso comum. O discurso, neste contexto, não provém de um indivíduo (autoridade) ou fonte transcendente, mas de uma doutrina,de grupos (de nostálgicos, conservadores, velhos utopistas desgostosos, de certa esquerda e de certa direita etc.), que têm um modo de existência próprio. Ao ser citado se opera então o "desnivelamento" enunciativo entre as vozes. Estamos considerando que, mesmo nos casos em que o enunciador não está de acordo com o enunciado citado, é possível falar em hiperenunciador (esse "modo de existência" da fonte dos enunciados que orienta o modo de enunciação da sequência citada).

O desaparecimento da política e suas "fórmulas"

Ao acompanharmos o tratamento de uma questão filosófica no espaço público, *a questão da mutação da política na contemporaneidade*, a partir do percurso de unidades (variadas) do tipo lexical e proposicional,[1] que pressupõem (no sentido linguístico do termo, inclusive) uma transformação das formas da política, acessamos um discurso (anterior) "integrado" ou "encarnado" nestas formas linguísticas, que o identificam em relação a seus significantes e sentidos mais prototípicos. Críticas contemporâneas que constatam a "insignificância" objetiva da política (indício do desaparecimento de projetos utópicos, dos conflitos ideológicos, do idealismo político e de um retorno ao "realismo", etc.) podem ser compreendidas a partir das conexões que estabelecem com discursos produzidos em temporalidades (crônicas e discursivas) específicas. Algumas destas formulações podem ser consideradas tanto "eco" de um debate teórico-acadêmico anterior, em torno da ideia de "fim da história", que, por sua vez, atualiza outro debate filosófico da década de 1950, sobre o "fim das ideologias",[2] como da crítica à modernidade (ou do discurso sobre o declínio da política). Sinteticamente, o que caracteriza o discurso do declínio é a ideia de que a política está em "crise", no sentido de que experimenta um momento de ruptura ou descontinuidade, cujas implicações levam a uma espécie de degeneração (ou perda) de sua qualidade.

Costumeiramente, o discurso sobre o desaparecimento da política é referido (mencionado) no domínio acadêmico como "lugar-comum", discurso doxológico, clichê, *idées reçues*, ideias prontas, "velhas verdades" etc.

A filósofa francesa Myriam Revault d'Allonnes (1999) defende, por exemplo, que "o desaparecimento da política" é um lugar-comum híbrido: resulta do encontro da doxa, do discurso do senso comum e do discurso filosófico. Em outras palavras, situa-se no entrecruzamento do senso comum ordinário (o registro da opinião) com o senso comum filosófico (o registro da "verdade", do "conhecimento") e, portanto, alimenta-se tanto da experiência vivida (dos índices materiais deste suposto "desaparecimento") quanto de conceitos teóricos. Por trás deste diagnóstico, há uma tradição filosófica com uma falsa ideia do que é a política. Portanto, a tese central da autora é que o desaparecimento da política não tem a evidência que muitos lhe atribuem: é ao mesmo tempo um *topos* da consciência comum e um lugar-comum da filosofia.

Clichês, estereótipos, lugares-comuns, *idées reçues* ou qualquer outro "modelo" preestabelecido de pensamento são comumente associados à noção de fórmula. Mas, para Krieg-Planque, não correspondem a uma fórmula em sentido estrito, porque não possuem um significante estável, ao contrário, sua realização verbal é variável. Tal variabilidade (ou instabilidade) inviabilizaria sua classificação como fórmula, a não ser que fosse possível identificar uma expressão sintética que reunisse esta série de formulações. Na realidade, em uma abordagem como a de Krieg-Planque, estes subtipos estariam próximos de estereótipos discursivos.[3]

Do nosso ponto de vista, estas formas linguísticas também são um "referente social" e, por isso, também podem funcionar como fórmulas, na definição de Krieg-Planque (2003; 2010), ao corporificarem este discurso não especificado, ou seja, sem origem declarada ou identidade definida textualmente. Este exterior pode corresponder a uma memória coletiva, a verdades consensuais, no sentido de significações hegemônicas de nossa formação social, conhecidas de todos, ou mesmo de opiniões comuns, de aceitação geral, discurso da doxa, verdades presumidas etc. Enfim, este "já-dito" é de responsabilidade pública. Em certo sentido, as formas que se encontram aqui sob análise constituem pontos de ancoragem do interdiscurso na materialidade (apontam para um discurso anterior, exterior que as investe de sentidos). A sua cristalização fraca não inviabiliza a sua caracterização como fórmula.

Algumas análises

Nas análises que seguem procuramos distinguir os diferentes regimes de enunciação segundo as noções de *aforização* e *particitação*.

(1) A REFLEXÃO sobre o populismo na Europa afiou-se com a ascensão dos partidos de direita, sem golpes de força e com notável desempenho eleitoral. As causas desse fenômeno são colhidas, pelos que o estudam, na fictícia negação dos confrontos políticos, correlata ao consenso "para além da direita e da esquerda" **[Trecho 1]**. Essa "Terceira Via" tentou conciliar eficiência econômica com igualdade e justiça social, minorando as sequelas do setor financeiro hegemônico e da "estabilidade com crescimento sustentável". O desfecho foram retração econômica, desemprego, queda na renda, peso de impostos, "flexibilização" das relações de trabalho, insegurança pessoal e pública, propiciando o declínio democrático e o controle político da ansiedade e das frustrações. O discurso despolitizado e a fantasia da pacificação social dissolvem as lutas reais e retiram da esfera pública as decisões de alcance coletivo **[Trecho 2]**. O *slogan* é "governabilidade e coalizão partidária", sacralizando o consenso na "política sem adversários" (De Voos). O campo conflituoso entranha-se na massa de insatisfações e carências, fonte do populismo de direita. "Quando a política democrática se limita a assegurar o bom funcionamento do mercado, estão reunidas as condições para que demagogos talentosos exprimam as frustrações populares" (C. Mouffe). Surge, aí, o fantasma do "inimigo interno" (C. Schmitt). O mesmo feixe econômico, sociopolítico e doutrinário desdobra-se no Brasil **[Trecho 3]**. Lula quer governar "sem oposição", a esquerda é doença juvenil, o centro é equilibrado. Todos "amadureceram": figuras do regime militar aliam-se a seus opositores, hoje no poder. Para atenuar a rude dominação, Lula expandiu as "solidariedades" de FHC. Dilatadas, surtiram votos, unindo-se à projeção, no líder, "das camadas C e D", cujo ressentimento açulou-se "mexendo na autoestima das pessoas" **[Trecho 4]**. J. Santana lança temas "de imensa comoção política" – a mística nacionalista –, "utilizados do ponto de vista tático", visando "o brasileiro comum", a classe média que decidiu o 2º turno **[Trecho 5]**. Esse nacionalismo foi temperado pelo preconceito às avessas, pela exploração das fronteiras culturais, iluminando o migrante desvalido. Note-se que a direita europeia camufla o racismo acentuando as diferenças culturais e os óbices à integração social. A categoria política "povo" é forjada contra "o outro", encarnação do mal. O oprimido é vítima das "elites", o demagogo é voz do pequeno ("Kleiner Mann", Haider, Áustria), tal como Lula comemorou, em sua fala inaugural, a vitória do "andar de baixo". O populismo moderno, "globalizado", mobiliza ideários análogos, complexo cujo peso negativo é agravado por nossa condição "colonial" (*Folha de S.Paulo*, 1º fev. 2007).

O texto se constitui a partir de enunciados destacados de outros textos, com ou sem explicitação da fonte e segundo diferentes modos de citação, algumas (cf. trechos 3 e 5) próximas do discurso citado usual (recorte de um fragmento, indicação da fonte e integração das palavras do outro por intermédio de aspas). Também ocorre a integração de algumas passagens (o que aparece entre aspas), sem que o enunciador recorra a verbos introdutores de opinião. Não sei se podemos tratar como um caso de ilha textual em discurso indireto, na definição de Authier-Revuz (1998). A referência a João Santana, o "marqueteiro" da campanha do presidente Lula à reeleição em 2006, tanto conserva fragmentos da formulação original, como produz outro enunciado com o "mesmo" sentido (brasileiro comum, entre aspas, é, na realidade, uma tradução; no original, Santana fala em população, imaginário do brasileiro, diferentemente das outras sequências entre aspas que correspondem à "expressão" de outrem). Também reformula as palavras de Lula, transformadas em frases sentenciosas, absolutas, generalizantes: a esquerda é doença juvenil, o centro é equilibrado. Temos uma situação em que se representa a palavra do outro como sentenciosa, e sem relação com a fala original.[4] A presença do outro não é explicitada segundo marcas claras (aspas, pontuação, verbos *dicendi*), mas pela forma sentenciosa (enunciados curtos, sumários) na linearidade; são percebidas como vindas de outro lugar, associadas, não necessariamente a um hipernunciador individual (Lula), mas a uma opinião comum, compartilhada. Pode-se falar em *enunciação aforizante*. Outra sequência (cf. trecho 2) pode ser pensada em termos de *particitação* (o discurso despolitizado e a fantasia da pacificação social dissolvem as lutas reais e retiram da esfera pública as decisões de alcance coletivo). Temos a menção das palavras "dos que estudam o fenômeno", pronunciadas no texto, sem os sinais de pontuação, tipográficos, sintáticos esperados. A presença do outro não é explícita, mas apreendida segundo marcas difusas. No trecho 1, o modificador "fictícia" sinaliza discordância quanto à opinião dos discursos que negam os confrontos e pregam o consenso. Os enunciados na sequência seriam representações típicas das discursivizações críticas da terceira via, cujas palavras são integradas (e mantidas a distância) por meio de aspas ("para além da direita e da esquerda", "flexibilização"). Entendemos que podem corresponder à transmissão do discurso dos que realizam a crítica à terceira via, ao qual o enunciador é solidário (certas expressões ali têm origem no discurso dos críticos). A adesão é tão evidente que é desnecessário citar da maneira convencional: o enunciador assume as palavras vindas de um hiperenunciador – "os que estudam o fenômeno", os críticos da terceira via.

(2) Com suas diversas caras, o conservadorismo brasileiro deixou há já algum tempo os salões e se espalhou pelas páginas dos jornais, das revistas, da internet. O ex-ministro Pedro Malan adota tom triunfalista sobre seus críticos e pontifica que a chamada "questão social" (falando claro: 90 milhões de brasileiros, por baixo) é assunto para ser resolvido em décadas. É autor da profecia que ele mesmo realizou: foi Malan quem aumentou alucinadamente o endividamento público e engessou o orçamento por décadas. O cientista político Leôncio Martins Rodrigues insiste em que não se poderia mesmo esperar muito do governo Lula: sendo pouco sofisticados e não tendo nunca chegado ao governo federal, foram com muita sede ao pote do poder. Falta classe a esse governo. Ou tem "classe" demais, talvez. E o ex-presidente Fernando Henrique Cardoso o secunda nesse preconceito de classe desbragado sempre que lhe convém. Claro e direto foi Olavo Setubal. Tendo servido à ditadura militar sempre que pôde e foi chamado, Setubal diz que tanto faz Lula como Alckmin porque os dois são conservadores. A lição implícita é: o conservadorismo venceu, a política já não tem nenhuma importância, é um espetáculo irrelevante. Difícil mesmo de entender é o que está acontecendo do lado oposto do espectro político. Que não paire qualquer dúvida: as análises de Francisco de Oliveira em nada e nem de longe podem ser aproximadas desse novo conservadorismo. O espanto provocado por sua posição é político: diante dessa vitória esmagadora de uma direita brasileira de nova cara, como é possível defender que, para a esquerda, a política se tornou irrelevante? Porque a autêntica vitória do conservadorismo é sempre essa: tornar a política irrelevante, tornar a própria democracia irrelevante e decorativa. Não se trata de ignorar os estreitos limites impostos pela vitória conservadora atual. Trata-se de agir dentro desses limites para alargá-los, para mostrar que não são naturais, que são limites estabelecidos na e pela luta política. É sim de política que se trata, mesmo que esse debate crucial ainda esteja ausente desta eleição (*Folha de S.Paulo*, 16 ago. 2006).

Chamamos a atenção para dois aspectos em (2): os comentários metadiscursivos e a representação que se dá do discurso do outro por intermédio de fórmulas. Comenta-se o "modo de existência" do discurso conservador, o tom triunfalista (que *anuncia*, *proclama*), a partir do qual se infere o modo de dizer dos enunciados citados (pronunciados pelos "conservadores"): *o conservadorismo venceu*; *a política já não tem nenhuma importância*; [a política] *é um espetáculo irrelevante*. Estes enunciados ocupam uma posição destacada (formulação introdutória, "a lição implícita", e dois-pontos, que assinalam tratar-se de citação). As palavras que parecem ser do outro são incorporadas com o seu acento, proferidas num tom triunfalista, representando a enunciação conservadora como de *slogans* ou frases sentenciosas. Para Reboul (1975), assim como a palavra de ordem, normas e divisas, o *slogan* é uma espécie de fórmula. O *slogan* apresenta-se sob a forma de um enunciado sumário (sem brechas para réplica), polêmico (expressa um ponto de vista situado), e os enunciados correspondem a afirmações sumárias e parciais. Outra característica do *slogan* é a repetição, evoca a ideia de um martelar, aspecto que aparece no texto (a apresentação de diferentes figuras conservadoras dizendo basicamente o mesmo sob formas variadas). A afirmação do *slogan* pode ser julgada verdadeira ou falsa, porque se trata de uma afirmação, uma opinião "situada", parcial, partidária.

Novamente, o que está sob análise aqui é o fenômeno da polifonia, mais centralmente, a representação do dizer do outro, que julgamos se dar por meio de enunciação aforizante, mas desde que se reconheça socialmente o estatuto de fórmulas, no sentido amplo, dos enunciados. O reconhecimento dos enunciados como "citados" decorre de se considerar o desnivelamento na enunciação segundo o critério do tom. As palavras conservadoras são incorporadas em um esquema sem delimitação explícita das vozes, no tom triunfalista pressuposto (como se apresentasse o enunciado citado em sua expressão). Esta percepção de que se trata de citação de fórmulas está assentada em uma caracterização prévia do modo de enunciação do discurso conservador, no conhecimento de suas palavras, ou daquele que seria o seu padrão discursivo.

> IstoÉ – O que mudou em relação às últimas eleições presidenciais?
>
> Franco – A grande novidade, relacionada à mansidão dos mercados, é a convergência programática. Acabaram as veleidades revolucionárias, as possibilidades de ruptura. Em muitos temas, não há como fugir de consensos internacionais solidamente estabelecidos em toda parte, com as exceções irrelevantes de praxe (Venezuela, Cuba e Coreia do Norte, etc.) (*IstoÉ*, 19 abr. 2006).

A inferência do tom, por meio de representações (estereotípicas) do que seja um discurso conservador, de "direita" (que enuncia verdades absolutas), ou de "esquerda" (que lamenta ou sucumbe), identifica o hiperenunciador (a "voz" da esquerda, dos conservadores, do senso comum etc.) nos textos. A incorporação de fórmulas implica a presença de outra voz, do hiperenunciador, mesmo quando se cita para polemizar.

Certas formulações (*a política é um espetáculo irrelevante*) são divididas com a esquerda, mas estão longe de aparecem (de serem exibidas) como repetição de *slogans* num tom triunfalista. Quando frequentam o discurso da esquerda, são citadas de outra maneira.

Estamos aqui nos referindo também a uma representação do pensamento da direita conservadora triunfalista por meio de enunciados autonomizados (descontextualizados), que se assemelham formalmente a fórmulas (enunciados curtos, generalizantes, assertivos). A diferença em relação à condensação do pensamento de Jansenius em teses vigorosas pelo discurso citante, conforme o exemplo de Maingueneau (2006),[5] é que não foram extraídos de um texto, não foram propriamente destacados. Nesse sentido, podem ser compreendidos como enunciados autônomos, caso se reconheça algum sinal da sua natureza formulaica ou de seu estatuto pragmático de enunciados advindos de uma discursividade conservadora.

Nota final

O aparato teórico aqui mobilizado concorre, assim, para que possamos tratar de uma forma de citação, ou da convivência entre diferentes instâncias de enunciação (fenômeno que não é novo), e localizar, em uma sequência discursiva, elementos (sentenças, sintagmas) percebidos por nós (e incorporados pelo discurso citante) como advindos de outro ato de enunciação, do qual o sujeito enunciador não participa, e que, ao retomá-lo, o apresenta, nos termos de Bakhtin (2004), em sua entoação e significante. Como se fosse possível perceber, no *continuum* do texto, maneiras de dizer heterogêneas, como tradicionalmente ocorre nos casos de discurso indireto livre no discurso literário ou, então, na *aforização*, que implica ora um regime próprio de citação de "fórmulas", ora uma forma de representação, "estratégica", de uma posição discursiva (que *reduz* o dizer do outro a *aforismos*).

Notas

1 "[...] a destruição da esfera da opinião pública"; "a destruição da discussão e do debate públicos sobre projetos e programas de governo"; "a submissão da política aos procedimentos da sociedade de consumo e do espetáculo"; "a privatização da figura do político"; "o fim das campanhas de opinião e dos debates de ideias"; "o desaparecimento das ideologias"; "a indistinção dos discursos de esquerda e de direita"; "a homogeneização dos partidos políticos no mundo todo"; "a dissipação da dimensão pública"; "a ausência de alternativas possíveis"; "a autonomização da esfera econômica"; "a perda do controle dos Estados nacionais sobre suas economias"; "o deslocamento das maneiras idealistas, utópicas, de pensar para uma forma mais pragmática"; "a falta de participação, engajamento na política"; "o desengajamento democrático"; "o desinteresse pela política"; "o fim das grandes esperanças coletivas"; "as diferenças sutis entre as propostas dos candidatos"; "a convergência programática"; "o desinteresse crescente da população por política";

"o fim da divisão clara entre esquerda e direita"; "a pragmatização da política"; "o negócio é realismo e pragmatismo"; "o desaparecimento do conflito social e político"; "a evanescência do conflito social e político"; "o esvaecimento do espírito crítico autêntico"; "a retração geral no conformismo"; "a atrofia completa da imaginação política"; "o empobrecimento mental absoluto dos meios dirigentes"; "a ausência de crítica"; "a impotência dos dirigentes"; "desideologização de certos partidos políticos em nome da modernização"; "a dissipação do conflito social e político nos países ricos"; "Já, agora, não existem mais verdadeiras discussões, não há crítica mais frequente, mesmo no programa dos partidos de oposição, nenhuma proposição alternativa ao capitalismo"; "o estreitamento das alternativas políticas"; "o colapso dos horizontes e ambições intelectuais; "Já, agora, não existem mais verdadeiras discussões"; "A economia domina inteiramente a política"; "Há pouca política no debate político";"Já não existem alternativas legítimas para o regime democrático" etc.

2 De modo geral, ambas as teses apontam para a ideia de vitória de um projeto político absoluto ou final para além do qual não há qualquer alternativa rival.

3 Em *Estereotipos y cliches*, em um capítulo dedicado à história das noções, Amossy e Herschberg Pierrot (2005) descrevem o sentido usual das diferentes categorias de "fórmula", como os clichês, os lugares-comuns e as ideias comuns ou *idées reçues*. As autoras distinguem duas categorias: os automatismos de linguagem (formais) e os automatismos de pensamento. Tradicionalmente, emprega-se a expressão "lugar-comum" como designante para a palavra do outro, com o propósito de desqualificá-la, como automatismo de pensamento. Em geral, os automatismos de pensamento são caracterizáveis em função de sua proliferação ou repetição e de seu estatuto discursivo, referem-se àquelas ideias que nos condicionam quando se trata de pensar sobre um determinado tema. Em *Histoire d'idées reçues*, Herschberg Pierrot (1994) investiga os usos do conceito *idées reçues* num período de tempo extenso (1500-1900) e em um *corpus* específico (o banco de dados Frantext, que reúne textos literários e não literários, e dicionários). Segundo Herschberg Pierrot, trata-se de um conceito de base iluminista, cuja acepção é pejorativa. Assim, as opiniões abrigadas sob o rótulo de *idées reçues* são associadas à opinião vulgar e irrefletida da maioria, em oposição à opinião refletida e independente de uma minoria pensante (a própria expressão é assim, segundo a autora, uma fórmula: é uma expressão cristalizada, estável, depreciativa, que opõe o pensamento singular ao comum; designa um modo de pensar consagrado, que merece ser examinado, questionado, criticado, confrontado). As *idées reçues* estão, portanto, associadas a questões de autoridade e poder. Reboul (1975) propõe definir o subtipo *slogan* ideológico considerando três traços específicos: o primeiro é a espontaneidade, no sentido de que não é uma criação artificial de um partido ou de uma agência de publicidade, "exprime e resume a opinião de uma coletividade" (p. 98). O segundo traço é a duração: o *slogan* ideológico é recorrente, ultrapassando as circunstâncias que o provocaram. A terceira característica, no que se refere ao seu impacto ou alcance, é justificar a prática de um grupo, por isso os *slogans* ideológicos constituem fórmulas vazias (de sentido) quando desvinculadas de um contexto social determinado: "dois *slogans* que dividiam a França em 1955: Argélia francesa e Paz na Argélia; a nível de seu sentido explícito, nada tinham de inconciliável; mas as práticas que justificam o eram; admitir o primeiro era aceitar a guerra e todos os seus horrores; admitir o segundo era resignar-se a abandonar a Argélia" (p. 103).

4 "[...] eu não sei se o Delfim Neto está aqui, porque eu agora sou amigo do Delfim Neto. Passei vinte e poucos anos criticando o Delfim Neto e agora o Delfim Neto é meu amigo e eu sou amigo dele. E por que eu estou dizendo isso? Porque eu acho que é a evolução da espécie humana. Quem é mais de direita vai ficando mais de centro, quem é mais de esquerda vai ficando social-democrata, menos à esquerda, e as coisas vão confluindo de acordo com a quantidade de cabelos brancos que você vai tendo e de acordo com a responsabilidade que você tem, não tem outro jeito. Se você conhecer uma pessoa muito idosa esquerdista, é porque ele está com problema. Se conhecer uma pessoa muito nova de direita, também está com problema. Então, quando a gente tem 60 anos, Antônio Ermírio, é a idade do ponto de equilíbrio, em que a gente não é nem um nem outro, a gente se transforma no caminho do meio, aquele caminho que precisa ser seguido pela sociedade." (Discurso do presidente da República, Luiz Inácio Lula da Silva, na cerimônia de entrega dos prêmios "Brasileiro do Ano" pela revista *IstoÉ*, "Empreendedor do Ano" pela revista *IstoÉ Dinheiro* e "Personalidade do Ano" pela revista *IstoÉ Gente*. São Paulo, 11 dez. 2006).

5 Ao tratar do destacamento efetivo de enunciados, Maingueneau cita uma querela envolvendo católicos e jansenistas. O papa Inocêncio x condenou determinadas proposições citadas na tese de estudantes, e extraídas do texto Augustinus, de Jansenius. A defesa dos jansenistas à acusação consistiu em mostrar que estes enunciados destacados (e convertidos em teses vigorosas) não figuravam como tal (como teses vigorosas, afirmações categóricas etc.) no texto do autor (na realidade, no destacamento, os enunciados foram modificados, convertidos em enunciados autônomos e, assim, se construiu certa representação do pensamento de Jansenius).

Referências

D'ALLONES, M. R. *Le dépérissement de la politique*: genéalogie d'un lieu commun. Paris: Alto-Aubier, 1999

AMOSSY, R.; HERSCHBERG PIERROT, A. *Estereotipos y cliches*. Buenos Aires: Eudeba, 2005.

ANDREANI. France solidaire et France liberale. *Le Monde*, França, 15 jun. 2006. (Tradução Uol Mídia Global)

AUTHIER-REVUZ, J. *Palavras incertas*: as não-coincidências do dizer. Vários tradutores, revisão técnica Eni Orlandi. Campinas: Unicamp, 1998.

BAKHTIN, M. Marxismo e filosofia da linguagem. Trad. Lahud e Vieira. São Paulo: Hucitec, 2004.

FRANCO. A economia não tem mais um homem forte. E isso é bom. *IstoÉ*, São Paulo, 19 abr. 2006.

FRANCO, M.S.C. Populismo: direita ou esquerda? *Folha de S.Paulo*, São Paulo, 1º fev. 2006.

GABEIRA. Onde jogam os políticos? *Folha de S.Paulo*, São Paulo, 17 jun. 2006.

HERSCHBERG PIERROT, A. Histoire d' "idées reçues". *Romantisme*, v. 24, n. 86, 1994, pp. 101-20.

KRIEG-PLANQUE, A. *Purification ethnique*: une formule et son histoire. Paris: CNRS Editions, 2003.

______. *A noção de "fórmula" em análise do discurso*: quadro teórico e metodológico. Trad. Sírio Possenti e Luciana Salazar Salgado. São Paulo: Parábola, 2010.

MAINGUENEAU, D. *Cenas da enunciação*. POSSENTI, Sírio; SOUZA-E-SILVA, M. Cecília P. de (orgs.). Vários tradutores. Curitiba: Criar, 2006.

______. L'enonciation aphorisante. In: CHRISTÓFARO SILV.; MELLO, H. R. (org.). *Conferências do V Congresso Internacional da Associação Brasileira de Linguística*. Belo Horizonte: Editora da Faculdade de Letras da Universidade Federal de Minas Gerais, 2007. pp. 155-63.

NOBRE. A cara dos conservadores. *Folha de S.Paulo*, São Paulo, 16 ago. 2006.

REBOUL. *O slogan*. São Paulo: Cultrix, 1975.

Ethos e fórmulas no discurso religioso

Edvania Gomes da Silva

O objetivo deste capítulo é analisar a relação entre *ethos* e fórmulas no discurso religioso. Para tanto, parto de algumas conclusões, obtidas com base nas análises que fiz em trabalho anterior (Silva, 2006), acerca dos *ethe* dos discursos da Renovação Carismática Católica e da Teologia da Libertação. Em seguida, procuro relacionar essas conclusões com dois outros conceitos de Dominique Maingueneau:[1] *discurso constituinte* e *hiperenunciador*. Por fim, discuto a noção de fórmula, conforme postulada por Krieg-Planque (2003; 2010), a fim de compreender em que medida uma determinada forma de enunciação pode estar relacionada a uma certa imagem de enunciador.

Retomando e ampliando as conclusões sobre *ethos* e discurso religioso

Em trabalho anterior, no qual, com base na noção de semântica global proposta por Maingueneau,[2] analiso dois movimentos da Igreja Católica surgidos no século XX: Teologia da Libertação (TL) e Renovação Carismática Católica (RCC); discuto, com o objetivo de melhor compreender o funcionamento semântico dos dois movimentos analisados, a constituição dos *ethe* de cada um desses dois posicionamentos. Nas conclusões do referido trabalho, afirmo que:

> Em relação ao discurso da Teologia da Libertação, verificamos a existência de um *ethos* intelectual e também professoral. O *tom* é, ao mesmo tempo, *sapiencial* e *didático*. **Esse tom supõe a imagem de um fiador sábio, inteligente**

> e também preocupado com a formação dos menos favorecidos. **Trata-se de alguém de caráter determinado e comprometido.** O discurso da TL "cria", portanto, a imagem do *intelectual cristão*, ou mesmo do *intelectual de esquerda*: culto, equilibrado, engajado e disposto a formar outros companheiros de caminhada (Silva, 2006: 216).

Já no que diz respeito ao *ethos* do discurso materializado nos textos da Renovação Carismática Católica, defendo que:

> O discurso da RCC confere ao seu fiador a imagem de um "homem de Deus". Alguém que vive em profunda intimidade com o mundo espiritual. Esse fiador é, acima de tudo, um evangelizador. Por isso, ele se dirige ao seu coenunciador em ***tom* convicto, direto e, algumas vezes, exaltado**. Esse tom remete a **um caráter sanguíneo, e a um corpo de postura firme**. Trata-se de um *ethos* profético, pois assume a imagem de um "mensageiro de Deus", que ouve a voz do Cristo e, por isso, **sabe a sua vontade** (Silva, 2006: 217).

Como mostraram as análises, por serem dois movimentos religiosos que partilham de um mesmo *espaço discursivo* (cf. Maingueneau, 2001) e que, por isso, disputam o direito de existir nesse espaço, o fiador[3] de cada um desses dois movimentos polemiza com o seu Outro e o nega por meio da criação do anti-*ethos* do adversário. Entretanto, também porque partilham de um mesmo espaço, por mais que se neguem mutuamente, esses dois modos de enunciação estão relacionados a um mesmo discurso constituinte: o discurso religioso. Por isso, os dois fiadores apresentam características que, de certa forma, os aproximam. Como mostram os trechos negritados anteriormente, esses fiadores são determinados, firmes e sábios (esteja essa sabedoria relacionada a uma suposta intelectualidade ou ao fato de ouvir a voz de Deus). Para entender melhor como se dá essa relação, ao mesmo tempo conflituosa e semelhante (ou, talvez, conflituosa justamente porque semelhante), recorrerei, no próximo tópico, à noção de "discurso constituinte", conforme postulada por Maingueneau.

Algumas considerações sobre a noção de *discurso constituinte*

No final do tópico anterior, afirmei que tanto a TL quanto a RCC são posicionamentos intimamente ligados a um mesmo discurso constituinte: o discurso religioso. Agora, é necessário, antes de iniciar as análises, definir discurso constituinte e mostrar em que medida os movimentos da TL e da RCC estão relacionados a um mesmo discurso constituinte.

De acordo com Maingueneau, os discursos constituintes são aqueles que têm como pretensão "não reconhecer outra autoridade que não a sua e não admitir quaisquer discursos acima deles" (2006a: 33). Ainda segundo o autor, mesmo que haja, como de fato há, uma interação constante entre discursos constituintes e não constituintes, faz parte do funcionamento dos primeiros negar essa interação ou, no mínimo, submetê-la a seus princípios. Isso porque os discursos constituintes funcionam, na produção simbólica de uma sociedade, como uma espécie de *archeion*. Ou seja, eles funcionam como uma espécie de arquivo, de fonte, de princípio em que se encontra a sede da sabedoria e do poder. Nas palavras de Maingueneau:

> O *archeion* associa assim intimamente o trabalho de *fundação* no e pelo discurso, a determinação de um *lugar* associado a um *corpo de enunciadores consagrados* e uma gestão de *memória* (Maingueneau, 2006a: 33, grifos nossos).

Ao longo do artigo, o autor mostra como se relacionam essas quatro instâncias: *fundação* (relacionada à noção de constituição), *lugar* (relacionado à inscrição e, consequentemente, à cenografia) *corpo de enunciadores consagrados* (que diz respeito ao *ethos*) e *memória* (que diz respeito ao interdiscurso).

Em relação à fundação, Maingueneau afirma que os discursos constituintes têm um estatuto singular, pois são "discursos-limite, situados sobre um limite *e* lidando com o limite" (2006a: 34). Ou seja, ao mesmo tempo em que se instituem e se autorizam como lugar de fundação de outros discursos, os discursos constituintes remetem sua suposta autoridade a uma Fonte legitimadora externa. No caso do discurso religioso, por exemplo, essa Fonte legitimadora é, em última instância, Deus. É por isso que, mesmo estando em lados contrários no interior de um mesmo espaço discursivo, os posicionamentos da TL e da RCC, por estarem inseridos no âmbito do discurso religioso, têm uma mesma fonte legitimadora.[4] A esse respeito, Maingueneau afirma:

> A noção de "posicionamento" (doutrina, escola, teoria, partido, tendência, etc.) é demasiado pobre; ela implica apenas que os enunciados são relacionados a diversas identidades enunciativas que se delimitam umas às outras (Maingueneau, 2006a: 39).

É por isso também que, ainda segundo o autor:

> Referir-se aos outros e referir-se a si mesmo não são atos distinguíveis senão de modo ilusório; o interdiscurso não se encontra no exterior de uma identidade fechada sobre suas próprias operações. Certamente o posicionamento pretende nascer de um retorno às coisas, de uma justa apreensão do Belo, da Verdade etc. que os outros posicionamentos teriam desfigurado, esquecido, subvertido etc., mas essa pretensão por um termo que está além dos discursos é na realidade atravessada por esses outros discursos (2006a: 39).

Nesse sentido, quando os posicionamentos da TL e da RCC polemizam entre si, disputando o "verdadeiro" sentido de *ser cristão*, eles fazem isso no interior de uma mesma rede interdiscursiva. É isso que garante, inclusive, a existência de um único modelo semântico de dois polos.[5]

Partindo, portanto, da relação constitutiva entre o Mesmo e o Outro, ou seja, daquilo que Maingueneau chamou de precedência do interdiscurso sobre o discurso (cf. Maingueneau, 2005), é possível entender em que medida TL e RCC instauram, por meio de seus textos, fiadores que são, ao mesmo tempo, rivais e irmãos. O fiador do posicionamento da Teologia da Libertação é, como vimos, o *intelectual cristão*. Já o fiador do discurso carismático é o *homem de Deus*. Entretanto, ambos têm em comum o tom de convicção, de certeza, de sabedoria, presente naqueles posicionamentos que remetem sua autoridade a um discurso constituinte, nesse caso, o discurso religioso. Trata-se, portanto, da certeza daqueles que supõem estar falando do lugar da "Verdade", "do Bem", "do Justo".

Dessa forma, podemos supor que, se existe um *ethos* que corresponde ao modo de enunciação dos carismáticos e um *ethos* que corresponde ao modo de enunciação dos teólogos da libertação, existe, acima destes (ou talvez na relação com eles), um *ethos* que corresponde ao modo de enunciação dos discursos constituintes. Esse *ethos* está, conforme veremos no próximo tópico, intimamente ligado à noção de *hiperenunciador*.

Sobre a noção de hiperenunciador

Em um texto no qual problematiza a noção de *particitação,*[6] Maingueneau discute a relação entre o referido conceito e a noção de *hiperenunciador*. De acordo com o autor, a particitação pressupõe sempre a existência de um hiperenunciador "cuja autoridade garante menos a verdade do enunciado, e mais amplamente sua 'validade', sua adequação aos valores, aos fundamentos de uma coletividade" (Maingueneau, 2006b: 93).

Maingueneau explica ainda que, no caso das religiões escritas ou das escolas filosóficas, "o *Thesaurus* que torna possível a particitação coincide imaginariamente com um único livro, *o* livro". Esse livro, para algumas religiões, principalmente as ditas religiões cristãs, é a Bíblia. E, ainda segundo Maingueneau, o hiperenunciador que funda o *Thesaurus* bíblico é o próprio Deus.

Nesse caso, pode-se dizer que, no discurso religioso, mesmo quando *o livro-chave* não é a Bíblia, ou ainda, mesmo quando não existe um livro-chave que corresponda ao *Thesaurus*, o hiperenunciador é sempre Deus. Assim, o discurso religioso, que, conforme mostramos no tópico anterior, é um discurso constituinte, fundamenta sua autoridade na imagem de um *hiperenunciador* que se institui, no interior desse mesmo discurso, como Verdade Suprema e, por isso mesmo, inquestionável.

Nesse contexto, como analisar a emergência de frases fixas ou de fórmulas nos textos vinculados a posicionamentos que se fundamentam no campo religioso? Parto da hipótese de que existe um *ethos* desse hiperenunciador. E é este *ethos* que confere aos textos vinculados ao discurso religioso o tom categórico de suas fórmulas.

Análise de algumas fórmulas presentes no discurso religioso: a emergência do *ethos* do hiperenunciador

Neste tópico, analisarei algumas fórmulas presentes no discurso religioso, relacionando a materialização dessas fórmulas com uma determinada imagem de fiador. Para tanto, primeiramente, definirei, brevemente, com base nos trabalhos de Krieg-Planque, a noção de fórmula. Em um segundo momento, analisarei algumas fórmulas presentes nos textos da TL e da RCC, uma vez que, como disse, esses dois posicionamentos são meu ponto de partida. Por fim, analisarei alguns excertos de textos de outras religiões, a fim de verificar: 1) se essas fórmulas mantêm entre si semelhanças de forma e/ou de sentido; e 2) se, com base na análise dessas fórmulas, é possível identificar um fiador comum ao discurso religioso.

De acordo com Krieg-Planque (2003), a fórmula pode ser definida como:

> Um objeto descritível nas categorias da língua, cujo destino – ao mesmo tempo invasivo e sempre questionado – é determinado, no interior dos discursos, pelas práticas linguageiras e por um estado de correspondências entre opiniões e poderes num dado momento, no seio do espaço público (Krieg-Planque, 2003: 14, tradução nossa).

No seu trabalho de 2009, a referida autora apresenta as propriedades da fórmula, quais sejam: tem um caráter cristalizado; inscreve-se numa dimensão discursiva; funciona como um referente social; comporta um aspecto polêmico (Krieg-Planque, 2010).

Em relação à primeira propriedade, Krieg-Planque afirma que, quando tratamos do caráter cristalizado da fórmula, devemos considerar que tal caráter diz respeito tanto à natureza da cristalização (cristalização estrutural/cristalização memorial) quanto ao grau de cristalização, que vai desde sequências totalmente livres até sequências completamente cristalizadas. Nesse sentido, a atitude que preside a análise da fórmula não deve ser de um formalismo absoluto, pois a fórmula também existe pelas suas paráfrases; e a sequência identificada como fórmula pode conhecer variantes.

É o que ocorre, por exemplo, com a palavra "libertação" e suas variantes (libertadora, libertador, libertar) que, no posicionamento da TL, funciona como uma fórmula. Além do próprio nome do movimento ser "Teologia da *Libertação*", vemos esse vocábulo repetido em várias outras situações: ele aparece, por exemplo, no tema do XI Intereclesial das Comunidades Eclesiais de Base (CEBS): "Espiritualidade *Libertadora*"; no nome de alguns livros do movimento, como "O Pai-Nosso – A oração da *libertação* integral" (publicado em 1979) e "*Da Libertação* – o teológico *das libertações* sócio-históricas" (publicado em 1980)[7]; no nome de alguns cursos ministrados durante o XI Intereclesial de CEBS, por exemplo, "CEBS e a educação *libertadora*"; no título de capítulos de livros da TL, como "O desafio de viver como ressuscitados: uma espiritualidade *libertada* e *libertadora*",[8] e em vários textos, como mostra o exemplo abaixo:

> A espiritualidade no momento apresenta duas vertentes: uma de caráter espiritualista, mercadológico e carismático e outra de *corte libertador*.
>
> [...]
>
> Mas, será possível viver como ressuscitado no "já e no ainda não"? Para os cristãos isso é possível graças ao Espírito Santo, que é o Espírito de Deus

> e o Espírito de Cristo, "Viver como ressuscitados" significa viver de acordo com o Espírito, nadar conforme o Espírito. Na América Latina, *viver como ressuscitados, significa ter uma espiritualidade libertada e libertadora* ("O desafio de viver como ressuscitados: uma espiritualidade libertada e libertadora", grifos nossos).

Notamos que, quando aparece no meio de um texto, o termo "libertação" (ou uma de suas variantes) surge em uma posição *destacável.*[9] No caso do exemplo anterior, ele aparece primeiro no fim do primeiro período do texto, o que já o torna tipograficamente destacável. Além disso, o vocábulo "libertador" aparece como delimitador do sentido de *corte*, que é um substantivo semanticamente destacável, pois supõe certa radicalidade. Na segunda vez em que aparece no texto, a expressão assume uma dupla função: ela define o termo *espiritualidade* de duas maneiras: como resultado (*libertada)* e como agente (*libertadora)*. Esse jogo vocabular entre libertada e libertadora, juntamente com a disposição do enunciado no período (que aparece mais uma vez no final) e com a própria construção sintática, em que o verbo *significar* assume a função metalinguística de focalizar a expressão "ter uma espiritualidade libertadora", mostra que a expressão é apresentada como destacável do texto. Verificamos, assim, que, como afirma Krieg-Planque, "levar em conta a forma da fórmula é também fazer uma escolha no que concerne à análise lexical" (2010: 82).

Em relação à segunda característica, segundo a qual a fórmula se inscreve em uma dimensão discursiva, a autora afirma que, apesar de ter como base de sustentação uma materialidade linguística relativamente estável, a noção de fórmula não é linguística, "ela é, antes de mais nada, uma noção discursiva" (Krieg-Planque, 2010: 84). Essa dimensão discursiva resulta de uma certa utilização da fórmula. Ainda segundo Krieg-Planque, existem fórmulas que acedem ao estatuto de fórmula no momento em que surgem, ou seja, elas já "nascem" fórmulas. Entretanto, na maioria dos casos, o que ocorre, ainda segundo Krieg-Planque, é que a sequência preexiste ao seu acesso ao *ranking* de fórmula. Nesse caso, a palavra ou expressão já existe e, em determinado momento, devido a condições de produção específicas, ela se torna uma fórmula.

Em relação às sequências que já surgem como fórmulas, temos o exemplo da fórmula carismática "Ou santos ou nada". Vejamos como o padre Jonas Abib, fundador da Comunidade Canção Nova, relata o "nascimento" da referida fórmula:

> Isabel Cortez, primeira consagrada da Canção Nova a falecer na comunidade, era uma locutora brilhante e foi em missão para a Bahia, para a nossa primeira Rádio fora da sede da comunidade. Lá ela faleceu. Quando nós trouxemos o corpo dela para ser velado na Canção Nova, o saudoso bispo João Hipólito de Moraes fez questão de presidir a santa Missa de Exéquias, mas na hora da homilia, ele pediu que eu pregasse.
>
> Houve um momento em que eu disse assim: "Quando alguém é canonizado, as regras de vida, os estatutos da congregação à qual ele pertence, são como que canonizados também, pois aquelas regras são capazes de fazer com que as pessoas possam levar uma vida santa". Eu, então, olhei para os consagrados da Comunidade Canção Nova e lhes disse: "Ou santos ou nada". Foi a primeira vez em que eu disse isso. Não foi uma coisa planejada, porque eu nem sabia que faria a pregação naquele momento, foi uma surpresa de Deus para mim (Disponível em: <http://www.cancaonova.com/portal/canais/pejonas/imprimir_info.php?id=152>. Acesso em: 28 set. 2009).

Notamos que, ao relatar o "surgimento" da fórmula, o padre faz questão de atribuir a autoria desta ao hiperenunciador Deus. O padre afirma que a expressão "Ou santos ou nada" foi *uma surpresa de Deus* para ele, ou seja, Deus criou a fórmula.

Atualmente, a expressão "Ou santos ou nada" é repetida por toda comunidade discursiva que partilha do discurso carismático. Tornou-se uma palavra de ordem para o referido movimento. Na internet, há vários blogs cujo título é "Ou santos ou nada". Há também músicas da RCC que retomam a referida expressão.[10] Além disso, em várias pregações, tanto do próprio padre Jonas como de outros membros da RCC, a fórmula "Ou santos ou nada" é repetida, como uma espécie de grito de guerra ou de palavra de ordem. Por tudo isso, pode-se dizer que, para o posicionamento carismático, a expressão "Ou santos ou nada" funciona como um referente social.

O fato de funcionar como referente social é, segundo Krieg-Planque, a terceira propriedade da fórmula. A autora, que retoma a noção de referente social dos trabalhos de Fiala e Ebel, afirma que, como "referente social, a fórmula é um signo que evoca alguma coisa para todos num dado momento" (Krieg-Planque, 2010: 95). Trata-se, portanto, da notoriedade que a fórmula assume em um determinado espaço discursivo. Entretanto, ainda segundo Krieg-Planque, dizer que a fórmula é um signo comum a todos implica também que este signo seja atestado em tipos de discursos variados, tanto orais como escritos. E mais, ainda segundo a autora, para dizer que a fórmula é um signo conhecido de todos, é preciso observar sua presença em variados tipos de discurso, pois:

> Se a fórmula é originária de uma formação discursiva, deve sair dela. Ela é posta no cadinho comum do universo discursivo para entrar em conflito com o sentido que ela tem alhures ou com outros termos (Krieg-Planque, 2010: 99).

No caso da fórmula "Ou santos ou nada", sua circulação é restrita ao meio carismático, portanto, não responderia à terceira propriedade da fórmula. Contudo, isso não faz com que ela deixe de ser uma fórmula, pois, segundo a própria Krieg-Planque, a fórmula é uma categoria gradual e, por isso, suas propriedades podem ser observadas em um *continuum*, ou seja, as quatro propriedades podem estar presentes com diferentes intensidades (por exemplo: a cristalização pode ser mais forte do que o caráter polêmico). Além disso, a fórmula "Ou santos ou nada" não está presente em outros discursos por meio de uma cristalização estrutural, mas ela está presente por meio de uma cristalização memorial. É o que podemos ver, por exemplo, no seguinte excerto:

Tudo ou nada!

> Tenho me reunido com os bispos responsáveis dos países asiáticos aqui nas Filipinas. Um deles relatou suas dificuldades em alcançar o budista. Disse-lhe que não há barreiras intransponíveis quando se trata da fé nas promessas de Deus. Claro, há o preço a pagar!
>
> [...]
>
> Creio que na vida de cada cristão **verdadeiro** há um dia em que se tem de tomar uma decisão pragmática: ou Deus é ou Deus não é! É tudo ou nada! Vida ou morte!...
>
> O que não se pode é ficar num "chove e não molha", meio barro, meio tijolo ou coisa parecida! (Disponível em: <http://www.bispomacedo.com.br/2009/07/page/2>. Acesso em: 1º fev. 2011).

Aqui, fica clara a relação entre a fórmula "Ou santos ou nada" e as expressões usadas pelo bispo ("Ou Deus é ou Deus não é!"; "É tudo ou nada!"). Nesse caso, não podemos afirmar que o texto de Edir Macedo retoma especificamente a fórmula carismática, mas é inegável que há uma relação interdiscursiva, marcada, sobretudo, pelo tom radical dos enunciados.

Por fim, no que diz respeito à última propriedade, o caráter polêmico da fórmula, vejamos os seguintes exemplos:

> **Cristina Mel – Tá Amarrado**
> O inimigo já cedeu
> Caiu por terra aos pés da cruz
> Tá amarrado, amordaçado
> Tá vencido, destruído
> Em nome de Jesus
>
> Nesta batalha só resiste quem tem fé
> Eu tenho fé porque sou mais que vencedor
> Tenho a espada do Espírito comigo
> Na cabeça o capacete, a nossa salvação
> Quem é guerreiro não tem medo do inimigo
> Nós estamos revestidos do poder da oração
> (Disponível em: <http://www.letras.com.br/cristina-mel/ta-amarrado>. Acesso em: 1º fev. 2011).

> **Tá amarrado**
> Está enraizado no povo evangélico, uma terminologia anticristã: "ta amarrado", "ta repreendido", e por aí vai. As pessoas usam essas palavras como se tais tivessem algum poder mágico de invocar a ação de Deus, aliás, esse é um comportamento da bruxaria.
> [...]
> Se você acha importante tal afirmação pelo menos não use termos de feiticeiros, porque não usar "o Senhor te repreenda"? Pelo menos assim estaremos dando crédito a Quem realmente pode fazer tudo por nós e não somente a misticismos baratos de palavras mágicas (Disponível em: <http://ubeblog.ning.com/profiles/blogs/ta-amarrado>. Acesso em: 1º fev. 2011).

Nos exemplos anteriores, vemos a expressão "tá amarrado", muito comumente usada entre os evangélicos, principalmente nas igrejas pentecostais, sendo assimilada em uma letra de música e, em seguida, sendo negada no texto de um "blogueiro" evangélico. Essa expressão, quando presente nos textos da comunidade evangélica, principalmente entre os pentecostais, indica que algo (geralmente coisas que na semântica evangélica pentecostal possuem um sentido negativo, como pecado, tristeza, pobreza, alcoolismo etc.) está "amarrado aos pés da cruz de Cristo". Isto significa que aquilo que está amarrado não pode mais nos fazer mal, pois foi vencido, subjugado, superado pelo sacrifício de Jesus Cristo, que, ainda segundo o discurso evangélico pentecostal, foi crucificado para libertar a humanidade de seus pecados. No caso sob análise, fica claro que, justamente por ter um caráter polêmico, a fórmula é negada pela própria comunidade que a instituiu.

Segundo Krieg-Planque (2010), a polêmica em relação à fórmula pode se centrar sobre a (in)adequação à coisa que ela designa (ao referente); sobre o caráter real ou irreal do referente designado pela fórmula; sobre o reconhecimento social da fórmula etc. No caso do exemplo anterior, o enunciador descaracteriza e desautoriza a fórmula "Tá amarrado", afirmando que se trata de um "termo de feiticeiro", ou seja, a fórmula é desautorizada devido ao seu "lugar de origem": ela não pertence ao discurso cristão, mas ao discurso da bruxaria. É algo semelhante ao que ocorre com a fórmula "purificação étnica", quando esta é relacionada a um exterior discursivo. Pois, ainda segundo Krieg-Planque, em relação à noção de fórmula:

> Seja de perspectivas leigas ou científicas, "purificação étnica" é uma fórmula questionada desde suas origens e, mais amplamente, quando pertence a um corpo discursivo. As respostas que os comentadores propuseram, para além de sua diversidade, frequentemente fazem da fórmula uma "palavra dos outros": ela é atribuída a um exterior discursivo, e não ao discurso ao qual o locutor se diz ligado (Krieg-Planque, 2003: 356, tradução nossa).

Nota-se ainda que, no exemplo sob análise, a figura do hiperenunciador é evocada tanto para validar a fórmula, quando na letra da música se faz referência ao "nome de Jesus", quanto para desautorizá-la, quando no texto que rechaça a fórmula lemos: "porque não usar 'o Senhor te repreenda?' Pelo menos assim estaremos dando crédito *a Quem realmente pode fazer tudo por nós e não somente a misticismos baratos de palavras mágicas*".

Fórmulas no/do discurso religioso: algumas regularidades

As análises mostraram que existem algumas regularidades no uso de fórmulas no discurso religioso. A primeira diz respeito à constituição do discurso religioso: por se tratar de um discurso constituinte e que, portanto, tem como principal característica "não reconhecer outra autoridade que não a sua e não admitir quaisquer discursos acima deles" (Maingueneau, 2006a: 33), suas fórmulas assumem um tom de verdade inquestionável e, por isso, apresentam como principais características o *caráter cristalizado* e uma predisposição à destacabilidade. Por outro lado, justamente porque estão ligadas a um discurso constituinte, o caráter polêmico dessas fórmulas não é tão marcado quanto o das fórmulas ligadas ao discurso político, por exemplo. A segunda regularidade nas fórmulas do campo religioso está relacionada à constituição de um *ethos* profético, sábio, professoral. Trata-se do *ethos* do hiperenunciador, que, no caso do discurso religioso, é Deus. Nesse caso, mesmo que existam particularidades em relação aos diferentes posicionamentos ligados ao discurso religioso, como ocorre, por exemplo, entre os posicionamentos da TL e da RCC, haverá sempre traços, mais ou menos fortes, da presença desse hiperenunciador.

Notas

1 Digo *outros dois conceitos* porque o conceito de *ethos*, da forma como o utilizo, também foi formulado por Maingueneau.

2 De acordo com a referida hipótese, todos os planos do discurso (práticas, *ethos*, cenografia, dêixis, intertextualidade, polêmica etc.) estão integrados de uma vez, tanto na ordem do enunciado como na da enunciação e, portanto, contribuem para constituição de um corpo discursivo (Maingueneau, 2005: 79).

3 Para Maingueneau (2008), o fiador é a instância subjetiva que se manifesta no discurso. Essa instância, ainda segundo o autor, "não se deixa conceber apenas como um estatuto (professor, profeta, amigo...) associado a uma cena genérica ou a uma cenografia, mas como uma 'voz' indissociável de um corpo enunciante historicamente" (p. 17). Maingueneau faz questão de esclarecer que o fiador, que "é construído pelo destinatário a partir de índices liberados na enunciação" (p. 18), está associado a uma caracterização do *corpo do enunciador*, e não ao corpo de um locutor extradiscursivo. Trata-se, portanto, de uma instância intradiscursiva.

4 Talvez, no caso da TL, possamos falar de duas fontes legitimadoras, ambas relacionadas a discursos constituintes. É que, para a TL, além de estar relacionada a Deus, a sabedoria também está ligada a uma certa imagem de ciência. Isso explica, por exemplo, que o fiador do discurso da TL seja o *intelectual cristão*.

5 Sobre a constituição desse modelo semântico, remeto os leitores ao último capítulo de Silva, 2006.

6 Apesar de ser uma noção muito importante, por uma questão de espaço, não discutirei a *particitação* neste trabalho. Para entender o referido conceito, remeto o leitor ao texto "A noção de hiperenunciador" (Maingueneau, 2006b).

7 Esses livros são de autoria de Leonardo Boff e Clodovis Boff, respectivamente.

[8] Artigo assinado por Tamez, intitulado "O desafio de viver como ressuscitados: uma espiritualidade libertada e libertadora", publicado no *Secretariado Nacional do 11º Intereclesial das CEBS* – Texto Base do XI Intereclesial de Belo Horizonte, por O Lutador, em 2004 (pp. 29-40).

[9] Sobre o conceito de destacabilidade, conferir o texto "Citação e destacabilidade", Maingueneau (2006c).

[10] Em uma música de Ricardo Sé, membro da Comunidade Canção Nova, a expressão "Ou santos ou nada" aparece como refrão. Essa forma de materialização indica o caráter central da fórmula, pois o refrão de uma canção é o seu ponto central.

Referências

KRIEG-PLANQUE, A. *Purification ethnique*: une formule et son histoire. Paris: CNRS Éditions, 2003.

______. *A noção de "fórmula" em análise do discurso*: quadro teórico e metodológico. Trad. Sírio Possenti e Luciana S. Salgado. São Paulo: Parábola, 2010.

MAINGUENEAU, D. *Análise de textos de comunicação*. Trad. Cecília P. de Souza-e-Silva e Décio Rocha. São Paulo: Cortez, 2001.

______. *Gênese dos discursos*. Trad. Sírio Possenti. Curitiba: Criar, 2005.

______. Discursos constituintes. In: POSSENTI, Sírio; SOUZA-E-SILVA, Cecília P. de (orgs.). *Cenas da enunciação*. Vários tradutores. Curitiba: Criar Edições, 2006a, pp. 33-51.

______. A noção de hiperenunciador. In: POSSENTI, Sírio; SOUZA-E-SILVA, Cecília P. de (orgs.). *Cenas da enunciação*. Vários tradutores. Curitiba: Criar Edições, 2006b, pp. 91-110.

______. Citação e destacabilidade. In: POSSENTI, Sírio; SOUZA-E-SILVA, Cecília P. de (orgs.). *Cenas da enunciação*. Vários tradutores. Curitiba: Criar Edições, 2006c, pp. 72-90.

______. A propósito do *ethos*. In: MOTTA; SALGADO (orgs.). *Ethos discursivo*. São Paulo: Contexto, 2008, pp. 11-29.

SILVA, E. G. da. *Os (des)encontros da fé*: análise interdiscursiva de dois movimentos da Igreja Católica. Campinas, 2006. Tese (Doutorado em Linguística) – Instituto de Estudos da Linguagem, Universidade Estadual de Campinas.

Educação sexual e aborto: percursos, sentidos e algumas considerações sobre *corpora*

Marcela Franco Fossey

Neste capítulo, o intuito é relatar um trajeto de delimitação de um *corpus* de pesquisa, mostrando como me deparei, ao longo deste percurso, com uma realidade discursiva que ultrapassa toda e qualquer fronteira que eu insista em estabelecer. E é em grande parte devido a essa dificuldade – que parece inerente a este campo de pesquisa – que tenho me voltado com especial atenção para a noção de fórmula e para como esta noção pode ser útil no processo de identificação e descrição de posicionamentos discursivos.

A noção de fórmula, tal como proposta por Krieg-Planque (2010), pode ser um elemento que conduz o analista a um determinado discurso. Como propõe Maingueneau (2009), as fórmulas podem ser verdadeiras "portas de entrada", vias que nos conduzem a conjuntos de textos que estão associados a certos discursos, muitas vezes conflitantes. Veremos adiante que, nesta caminhada rumo à delimitação de um *corpus* de pesquisa, foram certas formulações, que circulam em um espaço específico dos discursos sobre o sexo, que me levaram à identificação de dois posicionamentos discursivos.

Porém, veremos, também, que os discursos, por mais que se enquadrem em certos contornos que os analistas buscam definir, sempre acabam por mostrar que, de fato, são objetos heterogêneos e, por que não, um tanto rebeldes. E, novamente, as fórmulas ajudam a lidar teoricamente com estes objetos; a própria proposta de Krieg-Planque pressupõe a polêmica e a heterogeneidade dos discursos. Por isso, as fórmulas são um lugar privilegiado para observar as relações polêmicas que caracterizam tantos discursos típicos de nossos tempos.

Delimitando fronteiras

Inicialmente, decidi que meu tema de pesquisa seriam os discursos sobre o sexo que circulam atualmente na nossa sociedade. No entanto, a sexualidade humana é uma temática transversal e heterogênea, pois envolve práticas diversas e mobiliza saberes igualmente variados. É possível falar sobre sexo de uma perspectiva da indústria pornográfica, das leis, da saúde (física e mental), da estética... Desta forma, a definição de tal tema não tinha uma utilidade verdadeiramente metodológica.

No entanto, nesta imensa massa de discursos que falam sobre sexo, chamou atenção a frequência com que me deparava com certas formulações: *sexo seguro, conduta sexual responsável/sadia, saúde sexual e reprodutiva, direitos sexuais e reprodutivos, crescimento/controle da gravidez indesejada, uma sociedade mais justa e igualitária.*

Fui observando, assim, emergir deste emaranhado que envolve o tema da sexualidade e do sexo um objeto um pouco mais tangível, menos opaco, com fronteiras mais definidas. Estes sintagmas nominais foram conduzindo meu olhar para um lugar discursivo em que o sexo está diretamente associado a temas que o inserem na lista de problemas públicos de saúde, gestão, economia. Desta perspectiva, as práticas sexuais dos indivíduos são pensadas em sua relação direta com doenças sexualmente transmissíveis (DSTs), reprodução controlada, natalidade, gravidez precoce, aborto, família.

Nesta esfera das questões de Estado, o sexo tem sido descrito como um direito fundamental do homem. Isso significa que a sexualidade[1] deve ser tratada no âmbito dos direitos fundamentais, sendo dever do Estado oferecer condições de *exercício pleno da sexualidade* a todos os indivíduos. Para tanto, entende-se que é preciso garantir uma sociedade mais justa, menos preconceituosa e cujos indivíduos possam ter acesso à saúde sexual e a escolhas reprodutivas baseadas em um conhecimento formalmente adquirido.

Um novo "afunilamento" ocorre: neste espaço discursivo, as questões todas parecem girar em torno da *educação sexual* que é preciso oferecer às pessoas, para que possam saber como viver plena e responsavelmente a sexualidade, e da divulgação da prática do *sexo seguro*, para que as pessoas não mais adoeçam. Tendo em mente este critério, selecionei um conjunto de textos, de diversos gêneros (apostilas, manuais, campanhas publicitárias) voltados para professores, profissionais da saúde e público em geral (jovens e adultos) e produzidos pelo governo federal brasileiro desde meados da década de 1990 com o objetivo de instruir os indivíduos a respeito de práticas sexuais seguras para si e para os outros membros da coletividade.

No entanto, um novo conjunto de formulações, que, embora muito similar ao que me conduziu a este lugar com fronteiras mais definidas, tinha especificidades relevantes, levou-me à constatação de que esta "postura laica" frente às práticas sexuais dos indivíduos não estava sozinha neste espaço discursivo. Olhando especificamente para uma determinada região do discurso de educação sexual, deparei-me com uma grande massa uniforme de textos, cujo discurso está em consonância, em sua grande maioria, com o de instituições de representação mundial, como ONU, OMS, Unicef, entre outras. Porém, se ampliamos nosso horizonte de observação, vemos emergir na rede discursiva pontos de condensação semântica que revelam que, na realidade, a educação sexual não circula de forma homogênea no espaço público. *Educação para o verdadeiro significado da sexualidade*, *educação para o amor e a reta vivência da própria sexualidade*, *sábia pedagogia familiar*, *formação para o verdadeiro amor*, *informação sexual cuidadosamente limitada*, *formas perniciosas de educação sexual*, *roleta russa do sexo seguro*, *autêntica sexualidade humana* são termos que evidenciam, na superfície discursiva, uma relação conflitante entre dois discursos a respeito das práticas sexuais dos indivíduos.

De fato, a Igreja Católica, aparentemente em resposta à proposta laica de educação sexual, começou a fazer circular documentos que também tratam da sexualidade humana, porém de outra perspectiva. Dentro da doutrina católica, o sexo está primordialmente associado à procriação – ou à geração de uma nova vida –, o que está, por sua vez, associado ao conceito de família composta por um homem e uma mulher unidos pelos laços do matrimônio. Nessas condições, e apenas nessas, o sexo pode ser praticado. Assim, ideias como as de sexo seguro ou de contracepção são duramente criticadas pela Igreja, que propõe outras condutas para que as pessoas vivam sua sexualidade de maneira adequada.

Em geral, os textos católicos concentram-se em disseminar os valores cristãos, reiterando a importância do matrimônio, da castidade, da abstinência sexual, da fidelidade e do respeito à vida em todas as suas formas. Além disso, buscam também alertar os fiéis sobre quão complicada pode ser a inserção, nas escolas fundamentais e médias, de um projeto pedagógico que inclua a educação sexual, pois, segundo a Igreja, a orientação sexual dos filhos é um direito inalienável dos pais. Para divulgar esta postura diante da proposta laica, muitos textos focados em aspectos da sexualidade humana passaram a ser produzidos pelo Vaticano e também pela *Conferência Nacional dos Bispos do Brasil* (CNBB) a partir da década de 90 do século passado.

Diante deste cenário, pude propor, finalmente, a delimitação de um espaço discursivo em que há, pelo menos, dois posicionamentos em confronto – que chamei de "laico" e de "cristão-católico". Cada um deles se considera o mais apto a orientar as pessoas sobre *práticas sexuais seguras e adequadas*.

Foi, em boa medida, graças à circulação das sequências verbais "sexo seguro" e "educação sexual" – e de outros termos que estão diretamente associados a elas, como *sexualidade humana* e *direitos sexuais e reprodutivos* – que pude determinar um contorno específico dentre as tantas formas de falar sobre sexo em nossa sociedade. E quando, posteriormente a esta definição, tive contato com a obra de Krieg-Planque, *A noção de "fórmula" em análise do discurso: quadro teórico e metodológico* (2010), pude entender a importância deste processo e perceber como estes termos, sequências verbais, frases curtas e tantas outras formas cristalizadas da língua são, de fato, um material que diz muito a respeito do funcionamento dos discursos que circulam no espaço público.

As fórmulas, segundo esta autora, materializam questões políticas e sociais. São, portanto, objetos de disputa e constitutivamente polêmicas. A retomada, sistemática, dos termos "educação sexual" e "sexo seguro" nos textos católicos – porém sempre reformulados, sempre acompanhados de advérbios e adjetivos que especificam que ali não se fala de qualquer "educação sexual" ou "sexo seguro"– mostra esta condição polêmica das fórmulas e confirma a existência de dois posicionamentos que, em relação às práticas sexuais humanas, têm coisas bastante diferentes a dizer. A proposta católica é de uma *formação para a castidade/virgindade*, que só pode ser conseguida através de *uma educação sexual harmônica e válida*, e será essa educação que possibilitará uma *autêntica saúde reprodutiva* e *práticas sexuais verdadeiramente seguras*, uma *prevenção verdadeira e efetiva*, um *comportamento sexual verdadeiramente responsável*. Estes termos trazem, consigo, o Outro que é negado: a proposta laica, que, em última instância, não é *verdadeira*. O sentido verdadeiro é reivindicado pelos enunciadores destes discursos. Como afirma Krieg-Planque, as fórmulas apresentam uma situação em que há um *significante partilhado*, porém com seu *significado disputado*.

As Católicas pelo Direito de Decidir: uma perturbação no sistema

Até este momento, o que busquei mostrar foram os caminhos trilhados até a delimitação de um *corpus* de pesquisa. Vimos, assim, que há, pelo menos, dois enunciadores típicos que tratam da sexualidade humana: o laico, que defende o direito e o dever do Estado de oferecer condições plenas de exercício da sexualidade através da disseminação do uso do preservativo e de campanhas de educação sexual, e o cristão, representado, neste trabalho, especificamente pela Igreja Católica Apostólica Romana, que entende que o único caminho eficaz para uma sociedade mais saudável sexualmente é a retomada e o exercício de um estilo de vida tipicamente católico.

Identificados estes dois posicionamentos, resolvi, então, olhar para como a prática do aborto é avaliada pelos enunciadores laico e cristão-católico. É verdade que o aborto por si só já é um critério de delimitação de um *corpus*. Por outro lado, trata-se de um tema diretamente relacionado à sexualidade – e, em especial, à saúde sexual – e que, portanto, está na pauta das discussões tanto da Igreja quanto do Estado.

Para a Igreja Católica, o feto é uma individualidade e uma vida criada por Deus no momento da concepção. Inclusive, o feto é frequentemente referido nos textos católicos como "feto ou bebê", "feto humano" ou mesmo "seres humanos". Se assim o é, não cabe à mulher decidir pela manutenção ou não desta vida que não lhe pertence. A autonomia da gestante é condicionada pelo direito do filho à vida. Deste entendimento resulta a avaliação do aborto como "assassinato", "massacre", "eliminação/descarte de uma pessoa inocente". Para defender tal postura, conclamam-se não apenas questões morais e de fé, mas também a ciência, que confirmaria o fato de a vida começar no momento da concepção, e a lei, que deve proteger o direito inviolável de cada ser humano à vida. Os fiéis são chamados, então, à ação, à luta contra uma "educação sexual secularizada e antinatalista".

Por sua vez, o Estado brasileiro tem mostrado, nos últimos anos, interesse pela ampliação das possibilidades de aborto legal. Um exemplo foi a série de audiências públicas realizadas na Câmara dos Deputados em junho de 2008 para discutir o projeto de lei que pede a supressão do artigo do Código Penal que criminaliza a gestante que praticar aborto. Outro exemplo foram os debates dirigidos pelo Supremo Tribunal Federal, também em 2008, em torno da possibilidade de interrupção da gravidez em casos de anencefalia. Em ambos os casos, médicos, cientistas, parlamentares e representantes da sociedade civil foram ouvidos ao longo de diversas sessões. No entanto, até agora, nada mudou e, no Brasil, o aborto é ainda considerado uma prática ilegal em quase todas as circunstâncias, com exceção dos casos em que há risco de vida para a gestante e em que a gestação é decorrente de violência sexual.

Percebemos, aqui, como, apesar de as políticas sexuais postas em práticas no território nacional estarem em conformidade com diretrizes de organizações internacionais (como já mencionado), em relação ao aborto há certo distanciamento. Em geral, estas organizações defendem a legalização da prática do aborto. O que justificaria tal postura são fatos como o número de mortes causadas pelo aborto praticado em condições precárias e as complicações relacionadas ao parto. Segundo a ONU, essas são as principais causas de morte de jovens entre 15 e 19 anos de idade, especialmente em países menos desenvolvidos. No Brasil, por exemplo, ainda que seja um crime, estima-se que são realizados, anualmente, cerca de 1 milhão de abortos em clínicas clandestinas, o que torna o procedimento altamente inseguro e o quarto responsável por morte materna, segundo dados do Sistema Único de Saúde (SUS). Ainda segundo dados oficiais, cerca de 250 mil mulheres são internadas anualmente em hospitais da rede pública de saúde para fazerem raspagem na região do útero após um aborto inseguro. A maioria delas é jovem e pobre.

Neste sentido, há um movimento que luta pelo "direito/acesso universal ao aborto" – e, em decorrência desta postura, a ONU e outras instituições que lutam pela ampliação do acesso ao aborto são referidas, nos textos católicos, como "cúpula abortista", "organismos antivida", entre outros.

Um grupo que tem participado ativamente deste debate é o Católicas pelo Direito de Decidir (CDD).[2] As CDD são uma entidade feminista, que existe, no Brasil, desde 1993 e que, a partir de suas ações, "promove os direitos das mulheres (especialmente os sexuais e os reprodutivos) e luta pela igualdade nas relações de gênero e pela cidadania das mulheres". Dentre seus objetivos, está o de "aprofundar o debate em relação à interrupção voluntária da gravidez, ampliando a discussão em seus aspectos éticos, médicos e legais, e lutar pela descriminalização e legalização do aborto".

O que chama a atenção em relação às CDD é o fato de se tratar de um grupo que se autodenomina católico e que defende práticas que enunciadores católicos mais ortodoxos criticam duramente – disseminação dos direitos sexuais e reprodutivos, de uma forma mais ampla, e, especificamente, o aborto legal e seguro. Assim, onde situá-las nesta arena discursiva?

Aparentemente, seria bastante adequado identificá-las como enunciadoras tipicamente laicas, uma vez que a sua luta é "por justiça social, equidade de gênero e por respeito à liberdade e autonomia para todas as pessoas, inclusive para decidir sobre a sexualidade e a reprodução, sem discriminação, coerção ou violência". Um enunciado como este, retirado do texto "Anencefalia e as Católicas pelo Direito de Decidir" (publicado em 1º set. 2008), é muito semelhante ao que se segue, retirado do volume "Orientação Sexual: 5ª a 8ª séries", dos "Parâmetros Curriculares Nacionais":

> A Orientação Sexual na escola é um dos fatores que contribui para o conhecimento e valorização dos direitos sexuais e reprodutivos. Estes dizem respeito à possibilidade de que homens e mulheres tomem decisões sobre sua fertilidade, saúde reprodutiva e criação de filhos, tendo acesso às informações e aos recursos necessários para implementar suas decisões (1997: 293).

Mas, apesar da enorme semelhança, quando o tema em questão é especificamente o aborto, não se pode dizer que o discurso das CDD seja o mesmo que o do Estado. Em seus textos, não vivemos em um "Estado laico de verdade", mas em um "Estado negligente" que "legitima e institucionaliza a tortura sobre as mulheres". Vivemos, assim, uma "situação antidemocrática e eticamente inaceitável", que atribui às mulheres uma "cidadania de segunda classe". Para elas, o Estado representa a "sociedade machista e misógina" e mostra-se em sintonia com a "hierarquia", para quem "os direitos das mulheres não são direitos humanos".

Diante disso, talvez fosse mais adequado identificá-las como um movimento feminista – com o qual o posicionamento laico dialoga. Mas, ao lado da luta por respeito, liberdade e autonomia das mulheres, as CDD lutam, também, e talvez com a mesma veemência, para ser uma organização legitimamente católica e por ser uma voz que representa uma parcela significativa dos fiéis, apesar de defender práticas e ações profundamente contrárias aos dogmas da Igreja.

No entanto, para as CDD, é uma parte da Igreja Católica – a mais poderosa – quem cria esse ideário de uniformidade e homogeneidade. Para este grupo, o catolicismo não se confunde com a Igreja. Isto é, o catolicismo é muito mais complexo e heterogêneo do que faz acreditar o Vaticano – mesmo quando o que está em pauta é o aborto.

Nos textos das CDD, a Igreja que defende uma "ofensiva conservadora" é sempre referida por termos como "hierarquia", "hierarquia católica", "alto clero", "Vaticano", "cúpula clerical católica", em oposição aos "fiéis", "católicos e católicas", "cristãos e cristãs", "totalidade da comunidade católica", "outros grupos de católicos". Em quase todos os seus textos, as CDD salientam sua identidade católica, como nos trechos a seguir:

> A Campanha da Fraternidade de 2008 – cujo tema é "Fraternidade e Defesa da Vida" – vai, mais uma vez, mobilizar a comunidade católica brasileira para uma reflexão a respeito de valores cristãos e nos fará pensar sobre o significado da vida. Pela relevância do tema, é necessário que *todas as vozes católicas sejam ouvidas e nós, como Católicas pelo Direito de Decidir*, sentimo-nos interpeladas a dar nossa contribuição (*Manifesto sobre a Campanha da Fraternidade 2008*, grifos nossos).

> *Como Católicas*, e há muitos outros grupos de católicos – de fiéis e de religiosos – que divergem das posições fechadas e intransigentes da hierarquia relativas à liberdade e autonomia, *indagamos*: Até quando a hierarquia vai negar o desejo de diálogo sobre estes temas? (*Anencefalia e as Católicas pelo Direito de Decidir*, grifos nossos).

> Como mulheres e *especialmente como mulheres católicas*, *não temos* motivos para celebrar os 40 anos da publicação da Encíclica Humane Vitae (*A igreja não ouve os fiéis*, grifos nossos).

> *Em termos religiosos, católicos,* trata-se do princípio que vem da mais lídima tradição cristã: o recurso à própria consciência. Princípio irrenunciável, inscrito na mais antiga doutrina cristã: diante de situações de difícil decisão, o recurso último dos/as fiéis é a própria consciência (*Pronunciamento de Maria José Rosado-Nunes, coordenadora de Católicas pelo Direito de Decidir, em uma das audiências públicas promovidas em 2008 pelo Supremo Tribunal Federal para discutir a eventual legalização do aborto nos casos de fetos com anencefalia*, grifos nossos).

Assim, verifica-se que, para legitimar sua luta pelo aborto legal e seguro, as CDD referem-se não apenas a argumentos caros ao feminismo (direitos humanos, laicismo do Estado, direito à liberdade de decisão das mulheres no campo reprodutivo), mas utilizam também argumentos típicos do campo religioso. Com isso, as CDD reafirmam o seu pertencimento ao catolicismo, ao mesmo tempo em que questionam a postura da Igreja a respeito de temas ligados à sexualidade humana. Em termos discursivos, evidenciam a heterogeneidade de discursos que podem ser identificados como católicos, como, aliás, já mostraram diversos trabalhos na área (cf. Maingueneau, [1984] 2005; Silva, 2006).

Diante destes dados, a questão que surge é a de como associar os enunciadores a esta ou àquela unidade de análise. Quais critérios para tal associação?

E, para este caso específico: a qual posicionamento devemos associar as CDD? Ao laico ou ao cristão-católico?

Até aqui, houve um movimento que, em primeiro lugar, permitiu a delimitação mais precisa do *corpus*. A partir de algumas fórmulas, cheguei a dois posicionamentos, fortemente institucionalizados, que falam sobre sexualidade hoje. Neste momento, a sensação foi de conforto e alívio, pois foi possível ver ordem onde parecia haver apenas um emaranhado de enunciadores falando sobre sexo.

No entanto, ao tentar associar as CDD a um dos dois posicionamentos, toda a estabilidade e ordem que havia sido conquistada mostrou a sua fragilidade. Em termos teóricos, a grande questão que tais dados levantam está fortemente relacionada às unidades de análise que os analistas do discurso definem como pertinentes.

Maingueneau desenvolve uma discussão em torno desta questão em "Unidades tópicas e não tópicas" (2006). O autor, a partir da constatação da fragilidade e não obviedade da noção de *formação discursiva*, propõe outras unidades de análise, com base em trabalhos que vêm sendo desenvolvidos no campo da Análise do Discourso (AD). Para o momento, quero chamar a atenção para a divisão que o autor faz entre as unidades tópicas, de território, e as não tópicas. As primeiras seriam aquelas mais fortemente associadas a aparelhos institucionais – como é o caso do Estado e da Igreja – e, por isso, existem independentemente do olhar do pesquisador. Enquanto as segundas dependem de fronteiras estabelecidas pelo analista – que irá delimitá-las não ao seu bel-prazer, mas segundo critérios históricos. Maingueneau dá como exemplo desse tipo de unidade o discurso machista, que independe de qualquer instituição para existir, e também os percursos, *corpus* em que não se buscam mais espaços de coerência de onde emergiriam enunciados de um determinado tipo, mas unidades de diversas ordens (lexicais, fragmentos de textos, fórmulas, *slogans* etc.) provenientes do interdiscurso e que circulam com usos muitas vezes contraditórios.

Incluir as CDD no *corpus* desta pesquisa tornou possível perceber que, mesmo trabalhando com duas unidades tópicas, isto é, o posicionamento cristão-católico e o laico, as fronteiras são bem menos impermeáveis do que parecem ser. Em outras palavras, as unidades de análise, tópicas ou não, se relacionam umas com as outras, são invadidas por outros discursos, com que mantêm relações de apoio, concorrência total ou parcial ou mesmo de aparente neutralidade.

Olhar para um grupo que em um primeiro momento parecia laico, depois feminista, mas que é, na verdade, tudo isso e também católico, mostrou, com toda a clareza possível, essa heterogeneidade de discursos – oriundos de campos também diversos (campo religioso, científico, educacional, jurídico) – que atravessam ambos os posicionamentos. Como afirma Maingueneau (2006: 24):

> É impossível fazer a síntese entre uma abordagem que se apoia sobre fronteiras e uma que se nutre dos limites pelos quais a primeira se institui. Entre as duas, há uma assimetria irredutível. Os partidários das fronteiras têm bons argumentos para sublinhar os riscos ligados ao uso das unidades não tópicas; por outro lado, os partidários das unidades não tópicas podem também com facilidade mostrar que uma infinidade de relações interdiscursivas atravessa as unidades mais tópicas; e que a sociedade está permeada de conjuntos de palavras que, embora não tenham um lugar determinado, são mobilizadoras: o sentido é fronteira e subversão da fronteira, negociação entre pontos de estabilização da fala e forças que excedem toda localidade. Situação eminentemente desconfortável, porque vemos, assim, se justaporem, isto é, se imbricarem, muitas vezes na mesma pesquisa, dois modos de abordagem heterônimos.

As reflexões apresentadas aqui permitiram uma compreensão maior a respeito dos processos e escolhas envolvidos na delimitação de um *corpus*, que é uma questão teórica importante em AD, desde os seus primórdios. Na procura por um *corpus* relevante, percebi como o trabalho do analista exige que regularidades sejam vistas onde parece haver só heterogeneidade. Mas, por outro lado, depois que são encontradas as regularidades, o desafio é deixar que a heterogeneidade volte a se mostrar com toda a sua força.

Notas

1 Segundo Foucault [1976] 1988, se na Idade Média as preocupações em relação às práticas sexuais dos indivíduos relacionavam-se aos pecados da carne e à prática da confissão, conferindo-lhes uma unidade, no decorrer dos séculos mais recentes, esta unidade foi decomposta, tendo como efeito uma explosão de discursividades distintas: demografia, biologia, psiquiatria, moral, educação, medicina – todas elas à espreita da conduta sexual da população. Estas discursividades fazem emergir e se sustentam sobre quatro grandes conjuntos estratégicos de saber e poder a respeito do sexo: *histerização do corpo da mulher*; *pedagogização do sexo da criança*; *socialização das condutas de procriação*; *psiquiatrização do prazer perverso*. A partir destes conjuntos, são esboçadas quatro figuras correlatas: a mulher histérica, a criança masturbadora, o casal malthusiano, o adulto perverso. Para Foucault, configuraram-se aí "estratégias, que, de formas diversas, percorreram e utilizaram o sexo das crianças, das mulheres e dos homens" [1976] 1988). E, a partir destes conjuntos, é produzida a noção de *sexualidade*. O *dispositivo de sexualidade* é causa e efeito da intensificação dos corpos e sua valorização como objeto de saber e como elemento nas relações de poder. Aqui, a relação com a economia se dá através do corpo. Este dispositivo de sexualidade funciona, assim, como uma engrenagem, uma maquinaria em que as técnicas de saber e as estratégias de poder são percorridas, num vai e vem incessante.

[2] Todos os artigos das CDD citados – e aqueles não citados, mas que foram utilizados nas análises aqui apresentadas – foram retirados do site oficial da organização: <http://catolicasonline.org.br>. Acesso em: 5 set. 2010.

Referências

CATÓLICAS PELO DIREITO DE DECIDIR. Disponível em: <http://catolicasonline.org.br>. Acesso em: 30 set. 2008.

______. *A igreja não ouve os fiéis.* Disponível em: <http://catolicasonline.org.br/ExibicaoNoticia.aspx?cod=282>. Acesso em: 29 dez. 2008

______. *Anencefalia e as Católicas pelo Direito de Decidir.* Disponível em: <http://catolicasonline.org.br/ExibicaoNoticia.aspx?cod=297>. Acesso em: 10 dez. 2008.

______. *Manifesto sobre a Campanha da Fraternidade 2008.* Disponível em: <http://catolicasonline.org.br/ExibicaoNoticia.aspx?cod=103>. Acesso em: 20 de set. 2008.

______. *Pronunciamento de Maria José Rosado-Nunes, coordenadora de Católicas pelo Direito de Decidir, em audiência do STF.* Disponível em: <http://catolicasonline.org.br/ExibicaoNoticia.aspx?cod=292>. Acesso em: 25 jun. 2009.

FOUCAULT, M. [1976] *História da sexualidade*: a vontade de saber. Rio de Janeiro: Edições Graal, 1988.

KRIEG-PLANQUE, A. *A noção de "fórmula" em análise do discurso*: quadro teórico e metodológico. Trad. Possenti e Salgado. São Paulo: Parábola, 2010.

MAINGUENEAU, D. [1984]. *Gênese dos discursos.* Trad. Sírio Possenti. Curitiba: Criar, 2005.

______. Unidade tópicas e não tópicas. In: POSSENTI, Sírio; SOUZA-E-SILVA, Maria Cecília Pérez de (orgs.). *Cenas da enunciação.* Vários tradutores. Curitiba: Criar, 2006.

______. Entrevista com D. Maingueneau. *Revista Linguasagem,* v. 10, out. 2009. Entrevista concedida a Roberto Leiser Baronas (UFSCar) e Fernanda Mussalim (UFU). Disponível em: <http://www.letras.ufscar.br/linguasagem/edicao10/entrevista_maingueneau.php>. Acesso em: 3 mar. 2010.

PARÂMETROS CURRICULARES NACIONAIS. Diversidade Cultural, Orientação Sexual. Ministério da Educação, v. 10, 1997, p. 293.

SILVA, E. G. da. *Os (des)encontros da fé*: análise da semântica global de dois movimentos da Igreja Católica. Campinas, 2006. Tese (Doutorado em Linguística) – Instituto de Estudos da Linguagem, Universidade Estadual de Campinas.

Das condições de emergência da fórmula *reforma ortográfica* na mídia

Roberto Leiser Baronas
Fernando Curtti Gibin

Primeiras palavras

Nos últimos dois anos, dada a sua pertinência para a manutenção da ideologia da língua portuguesa única ou para a valorização e promoção da língua portuguesa no cenário mundial, esta última bem menos frequente, o tema *reforma ortográfica* ganhou bastante notoriedade nos mais diversos suportes midiáticos brasileiros e portugueses. Pouquíssimos temas tiveram uma repercussão semelhante. Uma simples procura por essa expressão no site de buscas Google apresentará mais de 700 mil ocorrências. Caso consideremos outras variações desse sintagma, tais como *reforma da língua* ou *unificação da língua*, as ocorrências passam longe de dois milhões.

No biênio em questão, as mídias tanto de cá quanto de lá do Atlântico deram a circular a sequência *reforma ortográfica* de forma quase cotidiana e pouco variável nos mais diversos gêneros e suportes textuais. Talvez a principal diferença dessa circulação nas duas línguas e geografias esteja no fato de que, enquanto os portugueses trataram essa temática com uma beligerância quase extrema, nós a tratamos de forma um pouco mais amena. O tema *reforma ortográfica* frequentou do artigo de opinião ao texto humorístico; do ensaio acadêmico às histórias em quadrinhos. Passou tanto pela boca de especialistas em linguagem como o Nobel de Literatura de 1998, o escritor português José

Saramago,[1] quanto pelas mãos de muitos chargistas e cartunistas brasileiros, tais como Mangabeira.[2]

Neste capítulo, temos como objetivo analisar discursivamente como a mídia deu em narrativa o Acordo Ortográfico da Língua Portuguesa, que entrou em vigor no último mês de janeiro. Trabalharemos mais especificamente com textos veiculados em dois jornais de grande circulação nacional: *Folha de S.Paulo* (*Folha*) e *O Estado de S. Paulo* (*Estadão*). Como recorte temporal, estabelecemos os anos de 2008 e 2009. É importante ressaltar que não é nosso objetivo aqui discutir as implicações político-sociais deste acordo para a comunidade dos países de língua portuguesa.

Nosso objetivo central é compreender, no período histórico delimitado, em que medida a sequência verbal *acordo ortográfico*, ao se transformar em *reforma ortográfica*, pode ser compreendida como uma fórmula. Em outras palavras, objetivamos verificar nesses jornais, ao longo do período estabelecido, como esse sintagma *reforma ortográfica*, embora formalmente estável do ponto de vista da descrição e da explicação linguística, põe-se a funcionar pelo trabalho da mídia nos discursos do espaço público como um lugar discursivo, isto é, uma sequência tão partilhada quanto problemática, conhecendo um regime discursivo que a torna uma fórmula.

Para dar conta de nosso objetivo, nos apoiaremos, dado o caráter heurístico de suas pesquisas, em Krieg-Planque (2003; 2010).[3] A pesquisadora francesa, ao analisar a fórmula "purificação étnica" posta a circular durante os anos 1990 em textos de diversos jornais franceses cuja temática eram os conflitos étnicos na antiga Iugoslávia, estabelece como critérios para que uma sequência linguística possa ser considerada uma fórmula os seguintes funcionamentos linguístico-discursivos: a) se caracteriza por uma cristalização; b) se inscreve numa dimensão discursiva; c) funciona como um referente social e d) comporta um aspecto polêmico. Tomaremos esses critérios para verificar a emergência ou não da fórmula *reforma ortográfica*. E, em caso positivo, se tais critérios são suficientes para descrever tal emergência.

O caráter estável da fórmula

Por estabilidade da fórmula, Krieg-Planque entende que a materialidade significante que a constitui deve se manter de forma constante ao longo de um determinado período. No nosso *corpus*, podemos verificar que, embora haja uma variação entre *acordo ortográfico* e *reforma ortográfica*, essas sequências, independentemente do gênero que tenham frequentado, são dadas a circular como equivalentes. Do ponto de vista estritamente linguístico, tanto a sequência *acordo ortográfico* quanto a *reforma ortográfica* se constituem em sintagmas formados por uma nominalização mais um adjetivo denominal: *acordo-reforma = nominalização + ortográfico-ortográfica = adjetivo denominal*. Trata-se, então, de unidades lexicais complexas. Vejamos dois exemplos:

> No Brasil, o *acordo ortográfico* já foi aprovado pelo congresso e, em tese está em vigor, uma vez que, para isso, basta a assinatura de três países da CPLP. Além do Brasil, já ratificaram o texto Cabo Verde e São Tomé e Príncipe. A implantação, porém, era adiada devido à não-adesão de Portugal (*Folha de S.Paulo*, 8 mar. 2008, grifos nossos).

> O presidente de Portugal, Aníbal Cavaco Silva, comemorou ontem no Rio a decisão tomada na véspera pelo conselho de ministros de Portugal de aderir à *reforma ortográfica* proposta em 1991 pelos membros CPLP (Comunidade dos Países de Língua Portuguesa)" (*Folha de S.Paulo*, 8 mar. 2008, grifos nossos).

Os exemplos arrolados do ano de 2008 evidenciam que as duas sequências são dadas a circular pela mídia como expressões sinônimas. Com efeito, a sequência *reforma ortográfica* funciona como uma espécie de paráfrase do sintagma *acordo ortográfico*. Todavia, se observarmos os dados de 2009, verificaremos que o sintagma *reforma ortográfica* tende a tomar o lugar de *acordo ortográfico*. Essa transformação parece ser um bom indício de que o sintagma *reforma ortográfica* está caminhando a passos largos para a sua cristalização. Vejamos os dados de 2009:

> Questionado sobre a *reforma ortográfica*, que entrou em vigor no dia primeiro de janeiro deste ano, Pasquale fez duras críticas às mudanças. Para o professor, a sua implementação produziu somente problemas para os cidadãos. "A *reforma* gerou confusão. O texto foi mal escrito e houve desperdício de dinheiro, água, papel e energia elétrica por um *acordo* que entrou em vigor precipitadamente, pois nem sequer Portugal o adotou" (*Folha de S.Paulo*, 4 nov. 2009, grifos nossos).

> O *acordo* foi duramente criticado pelo professor Ernani Pimentel, que lançou o movimento Acordar Melhor, destinado a aperfeiçoar a *reforma ortográfica*. Em primeiro lugar, ele lembrou que as mudanças começaram a ser debatidas em 1975, quando ainda nem existia a internet. Além de anacrônica, observou, a *reforma* também teria fugido aos seus objetivos, quando, por exemplo, eliminou o trema. Em sua opinião, a *reforma* deveria eliminar

exceções a regras e duplas grafias, além de padronizar os radicais (*O Estado de S. Paulo*, 4 nov. 2009, grifos nossos).

Nas sequências destacadas, é possível observar que, enquanto o sintagma *acordo ortográfico* ocorre duas vezes, o *reforma ortográfica* é empregado cinco vezes. Esse resultado atesta que *reforma ortográfica* vem se cristalizando e vencendo a concorrência em relação ao *acordo ortográfico*. É preciso ressaltar, no entanto, que o sintagma em análise não se dá isoladamente, ele funciona em discurso.

A inscrição da fórmula na dimensão discursiva

Os exemplos anteriormente arrolados atestam que a materialidade linguística da sequência *reforma ortográfica* caminha para a estabilidade. Todavia, conforme aponta Krieg-Planque, "a noção de fórmula não é linguística. Ela é, antes de mais nada, uma noção discursiva. A fórmula não existe sem os usos que a tornam uma fórmula". São esses usos discursivos que a tornam uma fórmula no sentido discursivo do termo, ou seja, são os discursos produzidos pelos enunciadores acerca dessa temática que possibilitam que *reforma ortográfica* assuma a condição de fórmula. Em outros termos, os enunciadores, ao se pronunciarem sobre o acontecimento histórico Acordo Ortográfico, (re)produzem a partir de diferentes pontos de vista distintos acontecimentos discursivos sobre esse evento.[4]

Tomemos por exemplo os textos a seguir, veiculados no jornal *Folha de S.Paulo* e no programa "Bom Dia, Ministro" que teve a coordenação e a produção da Secretaria de Comunicação da Presidência da República, ambos veiculados em 8 de janeiro de 2009. Neste programa, o ministro da Educação, Fernando Haddad, respondeu a perguntas de ouvintes sobre os mais variados assuntos ligados à educação brasileira.

> Frederico Barbosa – poeta e crítico literário brasileiro – acha que o acordo ortográfico "será muito interessante para que não haja duas línguas ou três ou nove línguas portuguesas diferentes".
>
> Pergunta: Ministro, essa mudança ortográfica, na sua opinião, melhora a educação ou contempla pessoas que sempre tiveram dificuldades com a escrita, ministro?

> Resposta: *Olha, esse acordo ortográfico simplifica a língua. Todo acordo que simplifica a língua é bem-vindo.* É obvio que sempre tem uma fase de transição que todo mundo reclama um pouco, porque todos tinham aprendido de um jeito e vão ter que aprender de outro. Ocorre que o acordo afeta apenas meio por cento do vocabulário da língua portuguesa, no caso do Brasil, afeta mais Portugal, que também aderiu ao acordo, como os demais países da Comunidade de Países de Língua Portuguesa. O acordo fortalece a língua no mundo, na minha opinião. E é isso que tem que ser visto com mais cuidado. Nós somos oito países em que o português é língua oficial, e alguns países que têm o português como língua não oficial. Mas, somos oito países que têm o português como língua oficial, e era a única língua que tinha mais de uma ortografia. O espanhol não tem, nem o francês, nem inglês, português era a única língua com mais de uma ortografia, não fazia sentido, isso. Nós enfrentávamos resistência dos organismos internacionais em reconhecer o português como língua oficial desses organismos, justamente porque não havia um único português, não se sabia como grafar muitas palavras que tinham grafia díspare – aqui, em Portugal, em Guiné Bissau, Moçambique, Angola, Timor e assim por diante. Então, esse acordo internacional, ele envolve oito países da comunidade da língua portuguesa e ele vem justamente para reforçar a presença da língua portuguesa do cenário internacional (grifos nossos).

Nos dois textos, equivocadamente, tanto Frederico Barbosa quanto Fernando Haddad compreendem que ortografia e língua se identificam. Elas são colocadas numa mesma ordem de fatos, pois o poeta e o ministro entendem que a língua e sua representação gráfica se superpõem. Para eles, a ortografia se constitui no elemento preponderante na organização das línguas. A respeito desse equívoco, deixemos José Luiz Fiorin (2010: 22) falar:

> A ideia de que a ortografia pode "corromper" a língua é um equívoco, porque se funda na noção de que a ortografia é um elemento central da organização das línguas. Não é. Uma língua define-se por um sistema fônico, uma gramática e um fundo léxico comum. Embora haja diferenças entre a maneira de compor um texto oral e um texto escrito, a ortografia é uma convenção por meio da qual se representam as formas faladas da língua. Isso significa que nenhuma mudança ortográfica representa transformação (ou simplificação) da língua.

Carlos Alberto Faraco, em seu texto "A imprensa e o Acordo Ortográfico", publicado em 15 de janeiro de 2009 no site da rádio CBN de Curitiba, também critica os que equivocadamente entendem a unificação da ortografia da língua portuguesa como uma questão de unificação da língua:

> A unificação ortográfica (objetivo do Acordo) foi, muitas vezes, confundida com uma pretensa "unificação da língua". Chegou-se a acusar o Acordo de ineficaz (e até de inútil) porque o léxico e a pronúncia continuariam diferentes nos diversos espaços em que a língua é falada. Ora, em nenhum momento o Acordo teve como objetivo mais do que resolver a duplicidade de ortografias (a lusitana e a brasileira), fato esdrúxulo que nos vinha perturbando há quase um século. Unificar a língua [...] não é nem desejável, nem possível: a língua expressa a experiência histórica e cultural das populações que a falam. Como estas experiências são necessariamente diferentes, a língua terá também características próprias em cada um dos seus espaços. Essa diversidade constitui um patrimônio inestimável. Nunca um problema. Quando se discute matéria linguística, um princípio básico é jamais confundir fatos de língua com fatos de sua representação gráfica. São duas realidades diversas, com características e dinâmicas próprias.

Entretanto, ao analisarmos esses exemplos à luz do conceito de fórmula, constataremos que eles evidenciam, por um lado, que o acontecimento histórico Acordo Ortográfico é discursivizado inicialmente, na fala do primeiro enunciador, Frederico Barbosa, como uma tentativa de unificação das diferentes línguas portuguesas e, por último, na fala do segundo enunciador, Fernando Haddad, como algo que produzirá uma simplificação da língua portuguesa. Com efeito, é possível observar que, embora os enunciadores se refiram ao mesmo evento, eles não produzem a mesma significação. Trata-se de dois posicionamentos discursivos distintos, que (re)produzem dois acontecimentos discursivos diferentes. São esses diferentes sentidos que inscrevem a fórmula *reforma ortográfica* numa dimensão discursiva da língua. Dizer que o sintagma *reforma ortográfica* se inscreve numa dimensão discursiva significa, no entendimento de Krieg-Planque, que ele funciona como um referente social.

O funcionamento da fórmula como referente social

No entender de Krieg-Planque, para que a fórmula se constitua enquanto tal, deve se apresentar como um *referente social*. A autora toma de empréstimo essa noção do trabalho de Pierre Fiala e Marianne Ebel (1983) e, segundo ela, tal noção se mostra pertinente, pois possibilita dar conta do fato de que a fórmula possui muitas significações, muitas das quais são contraditórias.

> Como referente social, a fórmula é um signo que evoca alguma coisa para todos num dado momento [...] Para que esse signo evoque alguma coisa para todos, é preciso que ele seja conhecido de todos. A "notoriedade" do signo [...] é, assim, uma condição necessária à existência "formulaica" (Krieg-Planque, 2010).

Vejamos mais dois exemplos:

> A escritora Inês Pedrosa, vencedora do prêmio Máxima de Literatura, afirmou em entrevista concedida a Márcio Pinho, e publicada na edição deste domingo da *Folha*, que não vai adotar as novas regras do Acordo Ortográfico da Língua Portuguesa em seus livros. Em vigor desde o dia 1º no Brasil, o Acordo traz alterações significativas na acentuação de algumas palavras e no uso do hífen. No Brasil, as alterações atingem aproximadamente 0,5% das palavras. Nos países que adotam a ortografia de Portugal o percentual é de 1,6%. Na entrevista, a autora do livro *Nas tuas mãos* – e que também foi diretora da versão portuguesa da revista *Marie Claire* –, defende que o novo sistema ortográfico é "um acordo em desacordo", além de "falso" e "pirata". A escritora portuguesa criticou ainda mobilização em torno da concepção do Acordo – firmado em 1990 – e disse acreditar que a *reforma ortográfica* ainda irá causar "muita confusão" (*Folha de S.Paulo*, 4 jan. 2009).

> Segundo o gramático, membro da Academia das Ciências de Lisboa e doutor pela Universidade de Coimbra, Evanildo Bechara, o pacote das novas regras é uma continuação de uma série de mudanças que há tempos ocorre na língua portuguesa. "O gramático lembrou, por exemplo, que a discussão sobre o emprego do hífen acontece desde 1911, ano da 1ª Reforma Oficial da Ortografia Portuguesa, mas que até hoje ninguém entende as regras. "O termo *et cetera* (etc.), por exemplo, tem uma definição um pouco estranha. Agora, teremos que aplicá-lo para expressar exceções e não mais como exemplo de uma regra", explicou outro caso. Para a escritora e professora da Universidade Estadual de São Paulo (Unesp), Maria Helena de Moura Neves, as novas regras ortográficas ainda são contraditórias e muitos preceitos ainda não estão bem definidos. "Eu acho uma vergonha aquele texto", desabafou. Mesmo diante dos problemas, o professor titular da Universidade de São Paulo (USP), Ataliba Castilho, apontou que a reforma possibilitará a unificação na escrita utilizada pelos países membros da comunidade. Além disso, Bechara colocou que apesar das mudanças, as novas regras pouco afetarão a comunicação dos brasileiros. (*Folha de S.Paulo*, 13 ago. 2009).

Esses exemplos nos mostram que são diversos os sentidos construídos para o referente social *reforma ortográfica*. O primeiro deles é produzido pela escritora Inês Pedrosa, que o vê como "um acordo em desacordo", além de "falso" e "pirata", e que causará "muita confusão". Já no segundo, é possível observar pelo menos mais três sentidos para a sequência *reforma ortográfica*: "regras contraditórias"; "possibilitará a unificação da escrita" e "regras que pouco afetarão a comunicação dos brasileiros". Esses diferentes sentidos, alguns dos quais contraditórios entre si, nos mostram que a sequência *reforma ortográfica* pode ser considerada um referente social, visto que põe os enunciadores a se manifestarem a seu respeito, os faz falar, isto é, faz com que os indivíduos, especialistas ou não, se posicionem positiva ou negativamente a seu respeito. Krieg-Planque (2010) nos diz que "a fórmula, como referente social, é um signo que evoca alguma coisa para todos ao mesmo tempo. Ela é conhecida por designar alguma coisa. A fórmula refere: ela reenvia ao mundo". Falar sobre a fórmula enquanto um referente social implica, no entendimento de Krieg-Planque, que há polêmica.

O aspecto polêmico da fórmula

A quarta e última característica da fórmula, segundo Krieg-Planque, é que a fórmula

> [...] abriga dinâmicas sociopolíticas. Entendemos disso que ela põe em jogo algo de grave. "Grave" não necessariamente num sentido dramático, mas no sentido em que ela põe em jogo a existência de pessoas: a fórmula põe em jogo modos de vida, recursos materiais, a natureza e as decisões de um regime político do qual os indivíduos dependem, seus direitos, seus deveres, as relações de igualdade ou de desigualdade entre cidadãos, a solidariedade entre humanos, a ideia que as pessoas fazem da nação de que se sentem membros (Krieg-Planque, 2010).

Em outros termos, o caráter polêmico da fórmula, além de mobilizar os indivíduos para que se manifestem, digam alguma coisa a seu respeito, coloca em discussão a própria subjetividade desses indivíduos. Ou seja, ela insta os sujeitos a dizer sobre os limites de suas subjetividades. Observemos mais dois exemplos:

> Uma petição foi entregue nesta quinta-feira ao Parlamento português para protestar contra a reforma da ortografia que prevê a unificação do português, idioma oficial em oito países, mas que apresenta diferenças importantes segundo as regiões. A petição, com mais de 33 mil assinaturas, foi entregue ao

> presidente do Parlamento português, Jaime Gama. O documento possui vários relatórios e documentos demonstrando as fragilidades técnicas, científicas e políticas do acordo, segundo o deputado europeu Vasco Graça Moura. *"Não vamos nos deixar prejudicar por jogos de interesses que não beneficiam de nenhuma forma o idioma português"*, informa o documento defendido, entre outros, pelo escritor Antonio Lobo Antunes e pelo arquiteto Alvaro Siza Vieira (*Folha de S.Paulo*, 15 maio 2008, grifos nossos).

> Cento e seis anos após a declaração de sua independência da Bolívia, um movimento de resistência toma forma no Acre. O inimigo, desta vez, é o novo Acordo Ortográfico da Língua Portuguesa, que transformou os "acreanos" em "acrianos". A opção, segundo a Academia Acreana de Letras, sempre foi facultativa, mas o "i" nunca foi usado nas ruas, documentos, hino e até no nome da entidade. *"'Acriano' soa esquisito. Somos 'acreanos' há mais de cem anos, quando decidimos que não éramos bolivianos, e sim brasileiros, e conseguimos a independência. A mudança mexe nas nossas raízes históricas e culturais"*, diz a deputada federal Perpétua Almeida (PCdoB – AC), que lidera o movimento. A reação conta com políticos, jornalistas e intelectuais do estado, que prometem criar um blog para dar início ao "Fórum de Defesa da Nossa Acreanidade" – a ser hospedado no site da Assembleia Legislativa. No espaço, as pessoas vão poder manifestar repúdio (ou apoio) à mudança ortográfica. "As pessoas já dizem: 'na minha caneta mando eu'", diz Almeida, que promete fazer contato com acrianos famosos para "reforçar" o movimento, como a escritora Glória Perez e o jornalista Armando Nogueira. Para evitar a mudança, a Academia Acreana de Letras terá de manifestar um posicionamento oficial sobre o assunto e apresentar recurso à ABL (Academia Brasileira de Letras) (*Folha de S.Paulo*, 24 mar. 2009, grifos nossos).

Nos casos em análise, é possível perceber os sujeitos se digladiando discursivamente: *Não vamos nos deixar prejudicar por jogos de interesses que não beneficiam de nenhuma forma o idioma português*, no primeiro exemplo, e *A mudança mexe nas nossas raízes históricas e culturais*, no segundo. O que está em jogo aqui não é simplesmente a alteração de determinadas regras que visam unificar a ortografia do português, mas os valores, a própria subjetividade dos indivíduos. A reforma é vista como algo aterrador para esses indivíduos. Ela é algo que mexe com aquilo que os indivíduos têm de mais caro, a sua própria identidade. Para Krieg-Planque (2010):

> [...] as fórmulas participam do peso da história, esse peso que lastreia os destinos individuais. É porque ela abriga uma dinâmica, porque ela põe em jogo a existência de pessoas, porque ela tem um valor descritivo de fatos políticos e sociais é que ela é objeto de polêmica. Polemizando em torno dela, os atores-locutores não polemizam "por nada", eles polemizam pela descrição do real.

Conclusões provisórias

Cremos que a discussão realizada, embora bastante breve, tenha sido suficiente para asseverarmos que o sintagma *reforma ortográfica* se constituiu ao longo desses últimos anos numa fórmula: "um objeto descritível nas categorias da língua e cujo destino – ao mesmo tempo invasivo e continuamente questionado – no interior dos discursos públicos é determinado pelas práticas linguageiras e pelo estado das relações de opinião e de poder em um momento dado no seio do espaço público" (Krieg-Planque, 2010). Ademais, podemos dizer que uma história das relações sociais e políticas do Brasil e dos demais países falantes do português nos últimos cinco anos não teria como omitir o tema *reforma ortográfica*.

Com efeito, a fórmula *reforma ortográfica*, além de se constituir num espaço de polêmica entre os mais variados interlocutores, passou a produzir também distintos acontecimentos discursivos. Desse modo, no caso da discussão em torno da mudança de "acreano" para "acriano", por exemplo, temos um outro acontecimento discursivo se materializando. Não se trata mais da *reforma ortográfica* em si – acordo que unifica o registro escrito da língua portuguesa em oito países lusófonos –, mas da disputa pela manutenção da identidade dos acreanos. O que está em jogo aqui não é simplesmente a disputa pelo uso do "e" ou do "i", mas a própria subjetividade dos sujeitos envolvidos nessa polêmica. No caso em questão, muito além de produzir uma mudança no registro escrito da língua, a *reforma ortográfica* é entendida como uma verdadeira ameaça à identidade dos acreanos.

Nesse sentido, mesmo correndo o risco de sofrer objeções, por conta da exiguidade dos dados analisados, é possível dizer que a fórmula comporta, além de um caráter polêmico, o da acontecimentalização discursiva. Esta entendida como a possibilidade de a fórmula (re)criar, em cada uma de suas aparições, distintos acontecimentos históricos.

Uma versão bastante modificada deste texto foi publicada nos *Anais do 1º Colóquio Internacional de Estudos Linguísticos e Literários* – CIELLI – da Universidade Estadual de Maringá – UEM.

Notas

1 Referimo-nos à entrevista concedida pelo escritor José Saramago "Não vou sentar-me outra vez no banco da escola primária" publicada no jornal *Público*, de Portugal (edição impressa), de 15 jun. 2008, e transmitida no programa "Diga Lá Excelência" de 14 jun. 2008. Essa entrevista pode ser lida no site: <http://fundjosesaramago.blogspot.com/2008/06/entrevista-de-jos-saramago-ao-jornal.html>. Acesso em 5 set. 2010.

2 Disponível em: < http://www.blogdomangabeira.zip.net5>. Acesso em 5 set. 2010.

3 Trabalhamos aqui com a tradução brasileira na sua versão mimeo, razão pela qual não indicamos os números de página nas citações que mobilizamos, mas a obra recentemente publicada está indicada na bibliografia.

4 Trabalhamos aqui com a noção de acontecimento discursivo desenvolvida por Pêcheux [1983] 1997, "todo enunciado é intrinsecamente suscetível de tornar-se outro, diferente de si mesmo, de se deslocar discursivamente de seu sentido para derivar para um outro (a não ser que a proibição da interpretação própria ao logicamente estável se exerça sobre ele explicitamente). Todo enunciado, toda sequência de enunciados é, pois, linguisticamente descritível como uma série (léxico-sintaticamente determinada) de pontos de deriva possíveis, oferecendo lugar a interpretação".

Referências

Faraco, C. A. Mudanças ortográficas no horizonte. In: Baronas, R. L. *Do acordo à reforma ortográfica*: reflexões linguísticas e discursivas. São Carlos: edufscar, 2010 (no prelo).

Fiorin, J. L. O acordo ortográfico: uma questão de política linguística. In: Baronas, R. L. *Do acordo à reforma ortográfica*: reflexões linguísticas e discursivas. São Carlos: edufscar, 2010 (no prelo).

Fiala, P. E ; Ebel, M. *Sous le consensus, la xénophobee*: paroles, arguments, contextes (1969-1981). Lausanne: Institut de science politique, Mémoires et Documents, 1983.

Folha de S.Paulo. Presidente português se mostra favorável a mudanças na escrita. São Paulo, 8 mar. 2008

______. Petição protesta contra acordo para unificar o português. São Paulo, 15 maio 2008.

______. Acordo ortográfico é bom para leitores, diz gestor de museu da língua. São Paulo, 2 jan. 2008

______. Escritora portuguesa Inês Pedrosa diz que acordo ortográfico é "pirata". São Paulo, 4 jan. 2009

______. Novo acordo ortográfico gera polêmica no Acre. São Paulo, 24 mar. 2009

______. Acortdo ortográfico da língua portuguesa tem pontos obscuros. São Paulo, 13 ago. 2009

______. Após audiência pública, senadora sugere revisão do novo acordo ortográfico. São Paulo, 4 nov. 2009

Krieg-Planque, A. L'adjectif "ethnique" entre langue et discours. Ambiguïté relationnelle et sous-détermination énonciative des adjectifs dénominaux, dans rsp. *Revue de Sémantique et Pragmatique.* Orléans: Presses Universitaires d'Orléans, n. 11, 2002, pp. 103-21.

______. *"Purification ethnique"*: une formule et son histoire. Paris: cnrs Éditions. Collection Communication, 2003.

______. *A noção de "fórmula" em análise do discurso*: quadro teórico e metodológico. Trad. Salgado e Possenti. São Paulo: Parábola, 2010.

Pêcheux, M. [1983]. *Discurso*: estrutura ou acontecimento. 2. ed. Campinas: Pontes, 1997.

Veja essa: destaque e comentário

Sonia Lopes Benites

Articulando os estudos de Maingueneau sobre o discurso relatado e suas interfaces com o conceito de cenografia, este capítulo analisa as citações da seção "O Brasil em frases", da edição comemorativa dos 40 anos da revista *Veja*. A opção pela análise desse semanário deve-se a sua importância, na história recente do país, tanto na circulação quanto na investigação de questões políticas, papel prenunciado pelo título imperativo de *Veja*, que põe em destaque sua vocação reveladora e fiscalizadora.[1]

A cenografia constituída pela colagem de declarações dessa edição de aniversário reveste-se de um caráter de síntese histórica, que cria a expectativa de um resgate dos acontecimentos marcantes para o período 1968-2008. Não é apenas o fato de se constituir em um acontecimento histórico-discursivo que leva um enunciado a destacar-se como um dos mais significativos do período. São consideradas também sua forma inusitada e a (i)legitimidade de seu enunciador.

Por outro lado, os comentários sobre tais declarações muitas vezes extrapolam a contextualização, acrescentando sentidos e direcionando a leitura. A forma como essas operações ocorrem na seção em pauta e quais suas consequências nos efeitos de sentido de *Brasil* e de *brasileiro* é o que se pretende verificar com a análise.

Pressupostos teóricos

Maingueneau (2006) caracteriza a cenografia como a cena que se constrói como elemento essencial de legitimação dos discursos. Ela não se resume a um cenário, mas, ao se desenvolver, constitui seu próprio dispositivo de fala, sendo validada progressivamente por meio da própria enunciação.

Os estudos do autor sobre a citação, realizados nas últimas três décadas, apresentam-na como um processo que consiste em "retirar um material já significante de dentro de um discurso para fazê-lo funcionar dentro de um novo sistema significante" (Maingueneau, 1976: 125). A citação é classificada como prova, réplica, epígrafe e cultura, podendo ocorrer uma interseção entre essas várias funções.

Ressaltando a ambiguidade existente no distanciamento entre o locutor que cita e o citado, Maingueneau (1989) afirma que este último aparece, ao mesmo tempo, como o "não eu" em relação ao qual o locutor se delimita e como a autoridade que protege a asserção. Isso permite a quem cita dizer que sua fala é verdadeira porque não lhe pertence propriamente, ou autorizá-la pela evocação da autoridade de outrem.

Ao tratar especificamente do provérbio, uma das manifestações da citação-cultura, o autor introduz a noção de desvio, procedimento que consiste na captação ou na subversão do discurso de um enunciador de prestígio (Gresillon e Maingueneau, 1984). O *desvio* é uma máscara por meio da qual o locutor se investe do poder de outro ou o arruína; mas, em lugar de esconder, essa máscara revela melhor uma verdade mal conhecida. Pode revelar que um *slogan* tem a autoridade de um provérbio, por exemplo, ou, inversamente, que o provérbio é paradigma de um uso linguageiro ligado a uma ordem falaciosa do mundo. Maingueneau (2004) também retoma a diferença entre apenas mencionar e, mais que isso, usar o discurso alheio, presente na distinção feita por Authier-Revuz (1998) entre *autonímia* e *modalização autonímica*. Esta última, além de se manifestar em uma *grande variedade de categorias e construções* comentadoras da fala daquele que cita, pode fazê-lo por meio de marcas tipográficas, como as aspas, o itálico, as reticências, os parênteses e o travessão duplo. Tais modalizações indicam: distância entre coenunciadores; alusão a outro discurso; ambiguidade; ausência de correspondência entre as palavras empregadas e a realidade designada.

Posteriormente, o autor aborda um processo que não se restringe à citação, embora possa envolvê-la. Trata-se da *destacabilidade* das enunciações que apresentam autonomia, devido a certas características formais: "são curtas, bem estruturadas, de modo a impressionar, a serem facilmente memorizáveis e reutilizáveis"; são, além disso, "pronunciadas com o *ethos* enfático conveniente" e generalizações "que enunciam um sentido completo" (Maingueneau, 2006: 74-7).

As máximas, os provérbios e os *slogans* são enunciados naturalmente destacados. Outros são destacáveis, isto é, passíveis de serem destacados de um discurso, graças à posição em que se encontram, ao sentido de definição ou generalização que lhe pode ser atribuído, à marca de uma operação metadiscursiva, à forma sintética e inusitada.

Aprofundando a questão dos enunciados destacados que circulam na sociedade, na conferência proferida no Congresso Internacional da Abralin, em 2008, Maingueneau afirma que um fragmento de texto pode ser submetido a um *destacamento forte*, em que o leitor não tem acesso ao texto-fonte, e um *destacamento fraco*, em que o enunciado destacado é extraído de um texto apresentado ao leitor. Este pode corresponder a um título, um subtítulo, uma legenda de foto.

Tais citações costumam ser seguidas de comentários que, muitas vezes, explicitam a ligação entre a frase e o acontecimento enunciado, e não a situação de comunicação em que foi dita. Coloca-se em relevo determinado trecho da fala ou a generalização de parte ou de todo o enunciado destacado. Trata-se, no caso, do fenômeno da sobreasseveração, que, pelo destacamento em uma frase generalizante, altera o sentido de um enunciado constituído por um movimento argumentativo complexo, modalizado pelo locutor.

Maingueneau (2008: 159) também utiliza o termo *aforização* para designar "o regime enunciativo específico dos 'enunciados destacados'" (p. 159), focalizando suas propriedades enunciativas, pragmáticas e antropolinguísticas, que implicam descontextualização. Para o autor, existe uma "tensão entre a aforização e o texto que a acolhe", pois, contrariamente à enunciação textual, que inscreve o enunciado no horizonte global de um gênero discursivo, a aforização não se deixa enquadrar em um gênero, ou melhor, tem a pretensão ilocucionária de ser uma palavra absoluta.

As enunciações aforizantes podem ser *sentenciosas* ou *pessoais*. As primeiras compreendem provérbios, ditados, adágios e *slogans*, enunciações generalizantes, naturalmente autônomas e basicamente polifônicas, de responsabilidade de um "hiperenunciador", que se encontra em uma instância anônima. Já as enunciações aforizantes "pessoais" não são necessariamente generalizantes e são atribuídas a indivíduos, indexados por nomes próprios. De qualquer forma, a enunciação aforizante institui uma cena de fala em que a instância responsável pela enunciação está distante do enunciador que a evoca.

Aqui, a organização da seção "O Brasil em frases" sob forma de uma relação de citações na edição comemorativa do quadragésimo aniversário da revista *Veja* é encarada como uma cenografia, legitimada pelos discursos que cita, e legitimadora do discurso construído por tais declarações. A análise pretende focalizar especificamente o que Maingueneau denomina *destacamentos fortes*, aqueles cuja fonte não pode ser recuperada pelo coenunciador. Além das citações, feitas em discurso direto, serão considerados os comentários que as seguem, a fim de identificar ênfases ou generalizações enunciativas.

As frases que compõem a seção compreendem *slogans*, adágios, a fala de uma autoridade estrangeira e, em maior número, declarações atribuídas a brasileiros bem-sucedidos em diversas áreas. Trata-se, portanto, de dois conjuntos de discursos relatados que possuem a peculiaridade de remeter à fala do outro, sem que o sujeito se apresente como responsável por elas: os provenientes de enunciador conhecido (pessoais) e os atribuídos a um enunciador genérico (sentenciosos). Ambos autorizam um discurso, seja pela importância individual do autor evocado, seja pela importância do coletivo, representado pela sabedoria popular. Também se verificará se as aforizações sentenciosas são alvo de desvios de captação ou de subversão, e se são apenas mencionadas ou mencionadas e usadas.

Condições de produção da seção

Se o suporte material é parte constitutiva do discurso (Maingueneau, 2005), os efeitos de sentido dos dados são determinados também pelo conjunto de matérias relacionadas às frases que compõem a seção e pelo momento histórico compreendido entre 1968 e 2008. Daí o interesse em focalizar, além das circunstâncias enunciativas, os contextos histórico, sociais e ideológicos constitutivos do discurso.

Apresentação da revista

O exemplar da revista *Veja* em que se encontra a seção a ser analisada, referente à edição comemorativa dos 40 anos da revista, apresenta na capa, em letras douradas sobre fundo branco, a inscrição "VEJA 40 ANOS", com o ícone de um olho em substituição à letra *O*, o que acentua os sentidos de fiscalização e denúncia presentes no título do periódico. Por meio do imperativo do verbo ver, a revista apresenta-se como um veículo que vê e mostra, revela ou denuncia os fatos ao leitor.

Em 290 páginas de papel de ótima qualidade, a edição apresenta matérias jornalísticas e publicitárias bem cuidadas, cuja composição conserva características das edições semanais, e adaptações que visam imprimir-lhe um cunho de documento histórico. Além do editorial, destacam-se trechos de entrevistas publicadas nas últimas quatro décadas ("as melhores"), o humor de Millôr Fernandes e frases sintetizadoras do Brasil. A seção "Imagens de 40 anos" apresenta 57 páginas de fotos comentadas sobre os vários setores da vida nacional e internacional.

A revista divide-se cronologicamente em blocos: "1968" e "2008" focalizam um panorama do Brasil e do mundo e são entremeados por "Transição", que trata especificamente de economia e se desmembra em "Os anos do milagre", "Os anos da hiperinflação" e "Os anos da estabilização". Neste último bloco, há ainda um ensaio do economista americano Jeffrey Sachs, intitulado "A importância de manter o rumo", que pontua a necessidade de o país manter e implementar políticas sociais, e incentivar uma economia de mercado globalmente competitiva.

Um bloco de variedades, o "Almanaque", traça um paralelo entre o Brasil de ontem e o de hoje, em aspectos como Índice de Desenvolvimento Humano (baseado em dados sobre educação, longevidade e renda), acesso ao ensino superior, telecomunicações, transporte, energia elétrica, estrutura familiar, religião e trabalho feminino. Ainda fazem parte do "Almanaque": uma pesquisa sobre o perfil dos leitores de *Veja*, curiosidades referentes à história da revista, as dez capas mais vendidas e a rotina da produção e distribuição do semanário. Por fim, são apresentadas todas as capas, ano a ano, acompanhadas de uma síntese dos fatos que marcaram cada edição.

Conforme pesquisa apresentada no "Almanaque" (p. 260), o público da revista é constituído basicamente por leitores pertencentes às classes A e B (73%), ou seja, por potenciais compradores de um número significativo de produtos e serviços nem sempre essenciais, com curso de graduação completo (68%, dos quais 24% são pós-graduados) e jovens (55% têm entre 20 e 49 anos). 30% assinam a revista há mais de cinco anos, o que pode ser indício de que boa parte do público leitor está de acordo com a formação ideológica do semanário.

A revista e sua autoimagem

A autoimagem de *Veja* pode ser depreendida no vídeo publicitário exibido em seu site (<http://veja.abril.com.br>), na "Carta do editor" e em comentários constantes no "Almanaque". O vídeo apresenta imagens de problemas nacionais, como miséria, corrupção, drogas, violência e destruição da natureza, ao lado de outras, que retratam as possíveis soluções para tais problemas: educação, saúde, esporte, alimentação, igualdade de direitos, punição aos corruptos e preocupação ecológica.

Sem ser verbalizado, o *ethos* da revista, de órgão voltado à denúncia e à defesa dos direitos dos cidadãos, é "mostrado" pela forma de construção textual: imagens que falam por si mesmas dialogam com o título (*Veja*), sendo o único comentário verbal as palavras "sim" e "não", bradadas por vozes infantis, ante as cenas apresentadas. Essas vozes justificam-se no discurso sobre crianças, apresentadas como principais vítimas de injustiças sociais.

Ao final, um adulto, possível coenunciador do semanário, coloca-se como responsável por ajudar a alterar tal situação, enunciando o *slogan*: "*Veja*, indispensável para o país que queremos ser". É impossível a qualquer leitor deixar de se incluir nesse "nós" a que se refere a forma verbal. Isso significaria discordar de valores fundamentais, cuja defesa constitui, em tese, a razão de ser da revista. Daí o caráter de imprescindibilidade de sua leitura, sintetizado no *slogan* que afirma a importância das denúncias, informações e opiniões da revista na construção de um país livre e justo.

Essa ideia é reforçada na "Carta do editor", em que Roberto Civita afirma o compromisso do periódico em "apresentar semanalmente não apenas um grande leque de informações confiáveis, mas também o contexto e a análise que permitem colocar os fatos em perspectiva e entendê-los melhor" (p. 14). O editor atribui o sucesso da revista, "a maior, a mais influente e a mais prestigiada" do país, ao fato de ela ser "independente, isenta, inteligente e responsável".

Por fim, o "Almanaque" destaca que "*Veja* é a terceira revista do gênero mais lida no mundo, com circulação maior do que a soma das concorrentes". Atribui sua "independência e credibilidade" ao fato de, paulatinamente, ter aumentado em 300% o espaço destinado à publicidade de empresas privadas, e diminuído, em 33%, os anúncios estatais. Sintetizando, a revista se vê como uma potência da informação influente, independente, confiável e engajada na solução dos problemas nacionais.

Dois aspectos podem aí ser comentados. A distância entre os percentuais de comerciais públicos e privados implica, por um lado, independência em relação ao Estado e pouco compromisso em divulgar e apoiar suas causas. Por outro lado, pode representar compromisso com a iniciativa privada ou desentendimento com o governo. Outro aspecto é a propalada "isenção" da revista, que destoa da função comentadora e interpretativa, e da participação e engajamento que ela se atribui. Assim, o compromisso em "colocar os fatos em perspectiva e entendê-los melhor" pode significar "colocar os fatos sob sua perspectiva e entendê-los de acordo com certa ideologia".

O momento histórico abrangido pelas "frases"

O título da seção, "O Brasil em frases", evoca uma síntese do percurso do país nas últimas quatro décadas. Portanto, espera-se que os relatos de fala selecionados mencionem fatos marcantes desse relevante período da história recente do Brasil. Conforme Civita, esses 40 anos foram anos "agitados, controvertidos, mas certamente estimulantes". Para ele, "os brasileiros finalmente começam a desfrutar da maturidade econômica, política e social conquistada" (p. 14).

Uma comparação entre a situação reinante no primeiro ano da revista e o ano de 2008 demonstra, de fato, visíveis conquistas econômicas, democráticas, políticas e sociais. Hoje, o Brasil tem um Estado de direito consolidado e respeitabilidade externa; a expectativa de vida subiu de 53 para 74 anos; os índices de analfabetismo, ainda elevados (11%), estão distantes dos 33% de 1968. Os governantes são eleitos por voto direto e universal. Se as leis apresentam-se frouxas, a liberdade de imprensa possibilita a divulgação da corrupção e expõe os responsáveis a julgamento popular.

Dessa forma, a síntese esperada deveria contemplar, dentre outros, os seguintes aspectos: momentos importantes suscitados pela ditadura militar ("Milagre brasileiro", "Projeto Brasil Grande Potência"), ou aproveitados por ela (tricampeonato mundial de futebol); o surgimento de Luiz Inácio Lula da Silva na cena política; o papel dos sindicalistas nas relações de trabalho e na restauração da democracia; a união de lideranças de todos os matizes em prol das eleições diretas; a visão não romantizada do ano de 1968; o papel dos estudantes universitários no período da ditadura; políticos que fizeram história, para o bem e para o mal; os diversos períodos econômicos; a eleição e a morte de Tancredo Neves; a redemocratização do país; a ascensão e a queda do presidente Collor – seu plano econômico, o início da abertura para uma indústria mais competitiva, seu *impeachment* e suspensão de direitos políticos; Fernando Henrique Cardoso, o Plano Real e o fim da inflação; a eleição e a reeleição de um ex-sindicalista como presidente; a estabilização da economia e a competitividade do Brasil no mundo; a mudança de posição do país, de devedor a credor externo; a denúncia e a apuração de atos de corrupção nos três poderes, sem comprometimento da ordem democrática.

"O Brasil em frases": discurso e cenografia

O conceito de "cena da enunciação" (Maingueneau, 2006) é relevante para a análise das declarações elencadas na seção "O Brasil em frases". Nessa perspectiva, o quadro cênico possui três faces: a que se define a partir do tipo de discurso, ou cena englobante; a que se refere ao gênero de discurso, ou cena genérica, e a que se constrói como elemento de legitimação dos discursos, ou cenografia. A cena englobante "define o estatuto dos parceiros e certo quadro espaciotemporal" (p. 111), de forma que, ante um texto de revista, todos sabem tratar-se de um discurso jornalístico impresso, voltado a informação/opinião/entretenimento. As cenas genéricas, por sua vez, são "rituais social linguageiros" (p. 112), dentro dos quais se definem os papéis dos participantes. No caso em pauta, o artigo de revista define como sujeito um editor que seleciona "autores" e enunciados, e se dirige aos coenunciadores da revista. O leitor da coluna recebe *ao mesmo tempo* uma amostra de discurso político-midiático (cena englobante), uma seção da revista *Veja* (cena genérica), a enumeração de declarações relativamente célebres sobre o Brasil (cenografia).

Como lembra Maingueneau, "a escolha da cenografia não é indiferente" (2006: 113) e, se é verdade que o discurso impõe sua cenografia, desde o início, é também verdade que a legitimação desta se dá por meio de sua própria enunciação. Portanto, longe de ser mero cenário em que o discurso se desenvolve, a cenografia advém do esforço da enunciação em constituir o seu próprio dispositivo discursivo.

O fato é que, embora sejam abordados nas diversas seções da revista os acontecimentos marcantes do período anteriormente referidos, paradoxalmente, não aparecem na seleção de declarações que supostamente sintetizariam essas décadas, desvirtuando o valor documental da revista e não dando conta da síntese proposta no título da seção.

As declarações selecionadas tematizam as mazelas do Brasil, particularmente as relacionadas a corrupção, impunidade, desonestidade, desigualdade, ignorância e incompetência. O processo de produção de sentidos da seção apresenta o brasileiro por um discurso que flutua entre ignorância/incompetência, por um lado, e "jeitinho"/esperteza, por outro:

> Democracia neste país é relativa, mas corrupção é absoluta. Paulo Brossard, então senador da República, em 1978.
>
> Estamos num país onde a esperteza passou a ser chamada de competência. O empresário Antônio Ermírio de Moraes, em 1986.
>
> As esquerdas brasileiras fora do poder são festivas; no poder são aquisitivas. O economista roberto campos, em 1987.
>
> A burrice no Brasil tem um passado glorioso e um futuro promissor. Roberto campos, em 1990.
>
> A corrupção não é invenção brasileira, mas a impunidade é uma coisa muito nossa. O humorista Jô Soares, em 1995.
>
> O Brasil continua sendo um estado cartorial, com poder e privilégios concentrados nas mãos de poucos e onde a democracia é exercida por semianalfabetos. Lincoln Gordon, ex-embaixador americano no Brasil, em 2003.
>
> Todos nós somos corruptos. Mário Amato, então presidente da Fiesp, em 1992.

Veja mobiliza uma cenografia correspondente ao mundo configurado pelo discurso e, numa forma de congelamento temporal, desconsidera os diversos momentos históricos por que passou o país, do regime ditatorial à redemocratização. Assim, apresenta o Brasil como um espaço homogêneo, marcado pelo atraso e pela impunidade. Como a cenografia é bem explorada, o leitor recebe o texto como mera enumeração de discursos relatados proferidos nas últimas décadas, e não como um texto inserido no discurso que propala a ausência de seriedade e de honestidade reinantes no Brasil. Os discursos postos em circulação nessa conjuntura histórica conferem credibilidade a essa formação discursiva, ancorada na respeitabilidade e na autoridade de especialistas e personalidades de sucesso.

As citações constitutivas da seção poderiam ser classificadas como ocorrências de *autonímia simples*, aquelas que, conforme Authier-Revuz (2004: 12), consistem em apenas exibir esse fragmento, pela utilização de mecanismos que marcam a delimitação do discurso. Contudo, a seleção e a organização dos enunciados, associadas aos comentários, glosas ou retoques, por meio dos quais o locutor ajusta o processo de comunicação, transformam a seção em um texto integral e dão ao processo de citar um *status* de *conotação autonímica*, em que o locutor menciona e usa o fragmento. Estreitamente sintonizado com a cenografia, o texto, simulando apenas mencionar declarações, constrói-se por meio delas, empregando-as e não apenas mencionando-as.

Destacamentos fortes e sobreasseverações na seção "O Brasil em frases"

As citações em análise, inteiramente dissociadas de seu texto-fonte, compõem seções comuns na imprensa escrita, no processo que Maingueneau denomina *destacamento forte*, visível, sobretudo, quando se trata de páginas inteiras de citações. É o caso da seção analisada, que apresenta vinte e três enunciados destacados, provenientes dos mais diversos locutores, sem verbo *dicendi* ou outro introdutor. Um exemplo retirado dos dados é:

> No Brasil é assim: quando um pobre rouba, vai pra cadeia, mas quando um rico rouba, ele vira ministro. Luiz Inácio Lula da Silva, em 1988, quando ainda não nomeava ministros.

O enunciado explora linguisticamente a contraposição entre a desonestidade do "pobre" e a do "rico" e suas consequências paradoxais, de castigo para os pertencentes ao primeiro grupo e de prêmio para os do segundo. Porém, a presença dessa fala na seleção feita por *Veja* não se deve apenas à sua riqueza formal.

Em 1988, proferida por um membro do legislativo que representava os pobres, a enunciação revestia-se de legitimidade. O comentário seguinte ao enunciado não o relaciona, contudo, à situação de enunciação, mas, a pretexto de contextualizá-lo, refere-se ironicamente à posição ocupada por Lula em 2008, que lhe permitiria nomear "ricos que roubam". Trata-se de um caso de sobreasseveração, cujo movimento argumentativo possibilita acrescentar sentidos ao enunciado e direcionar a reflexão sobre o governo.

Na problemática dos enunciados destacados, Maingueneau (2008) inscreve a questão da "enunciação aforizante", que recobre o conceito de citação, com nuances específicas. Derivado da noção de aforisma como "frase de funcionamento sentencioso, que resume em algumas palavras uma verdade fundamental" (*Grand Larousse de la langue française*, em nota citada por Maingueneau, 2008: 159), a aforização institui uma cena de fala cujos protagonistas não se situam em um mesmo plano.

As aforizações pessoais têm por referente um autor específico e são de fácil circulação, pois seus significantes, curtos e prenhes de sentido, são facilmente memorizáveis. Um exemplo extraído da seção em análise é a fala de um senador gaúcho, que critica o que seria o comportamento paradoxal das esquerdas brasileiras em espaços opostos, dentro e fora do poder. A repetição enfática da palavra "poder" e a rima entre "festivas" e "aquisitivas" revelam o cuidado com a forma da enunciação:

> As esquerdas brasileiras fora do poder são festivas; no poder, são aquisitivas.
> Paulo Brossard, então senador da República, em 1978.

Proferida no ano que marca o fim do governo Geisel e o início da gestão do general Figueiredo, a frase é atribuída ao senador do MDB ("oposição institucionalizada" pelos militares, muito distante das "esquerdas"), que foi candidato a vice-presidente da República, na chapa que se opôs a Figueiredo, da Arena. Essa relevante informação, contudo, não é dada ao leitor da revista.

A enunciação aforizante tem a "pretensão pragmática" de ignorar a necessidade de ocorrer no interior de uma configuração textual. Ela se vê como uma ilocução sem contexto, absoluta. Pode ocorrer, porém, de uma enunciação originalmente ligada a uma situação específica passar a funcionar nos moldes de uma enunciação aforizante sentenciosa. Essa independência pode ser identificada no enunciado:

> Que país é este? Francelino Pereira, presidente da extinta Arena, em 1976, numa crítica aos que duvidavam da disposição do presidente Geisel em promover a reabertura política. A frase, curiosamente, tornou-se *slogan* da oposição.

Como se sabe, a história fez esse enunciado trabalhar, desvinculando-o de suas condições de produção originais, de modo que ele hoje, além de decepção ou crítica, pode ter efeitos de surpresa ou estupefação. Transformado em fórmula genérica, pode se referir a qualquer país e remeter a aspectos positivos ou negativos de qualquer povo ou governo; pode ser pronunciada dentro ou fora do meio político; pode partir da voz da situação ou da oposição. Sua reedição, em 2008, após evocar suas condições de produção originais, coloca-se como responsável apenas pela constatação simplista de que "curiosamente a frase tornou-se *slogan* da oposição".

A aforização, conforme concebida por Maingueneau (2008), aproxima-se consideravelmente da citação, já que é a repetição de uma fala. Isso fica evidente tanto nos enunciados sentenciosos, voltados à repetição, quanto nos pessoais, que exibem claramente seu estatuto de citação. Entre as frases que constituem a seção, ocorrem aforizações ligadas a condições de produção distintas e, portanto, a discursos diversos:

> *Ninguém segura este país. Slogan* ufanista encampado pelo regime militar e que caiu na boca do povo depois da conquista da Copa do Mundo de 1970.
> *Ninguém segura este país.* O presidente Luiz Inácio Lula da Silva, em 2008, usando o velho *slogan* da ditadura militar para comemorar a conquista do grau de investimento pelo Brasil.

A retrospectiva histórica feita em outras seções da revista mostra que os "anos do milagre" coincidiram com um desempenho "genial" da seleção brasileira de futebol. Esta era considerada, pela esquerda, como objeto de alienação do povo, já distante dos problemas nacionais; os generais, por sua vez, a viam como uma "ótima forma de fazer propaganda do regime" (p. 121). Conforme uma matéria de 1968, mencionada pela revista, o técnico João Saldanha teria ouvido do marechal Costa e Silva: "Precisamos combinar, porque em 1970 eu ainda sou governo e quero ver se dou ao Brasil esse tricampeonato". Por isso, no interior do interdiscurso, o lema assume um sentido negativo, de manipulação e negação da democracia, que não condiz com sua segunda ocorrência. Ao evocá-lo, a revista sobreassevera sua inadequação, desconsiderando que se trata de dois discursos distintos, ainda que com o mesmo enunciado.

Desvios das enunciações sentenciosas: captação e subversão

Diversas frases selecionadas pela revista são enunciações aforizantes sentenciosas ou citações-cultura. Focalizando tais enunciações, Gresillon e Maingueneau (1984) ressaltam a importância do provérbio, em que a voz do locutor se mistura às vozes que já proferiram o dito. Daí ele ser visto como "o eco" de inúmeras enunciações, cuja proposição é validada pela "sabedoria das nações". Sua interpretação supõe conhecimento linguístico e conhecimento da generalização de que deriva. No provérbio, o enunciador invoca um "hiperenunciador", instância reconhecida pelos membros da mesma comunidade de experiência.

Segundo os autores, o provérbio interessa tanto àqueles que buscam dotar seus enunciados de autoridade quanto aos que, ao contrário, pretendem problematizar as verdades por ele estabelecidas. Tal percepção leva à definição do *desvio* como um procedimento que comporta as estratégias de captação ou subversão, conforme se deseje utilizar a autoridade proverbial em proveito próprio ou se pretenda contestá-la.

O desvio proverbial pode consistir na alteração de um provérbio ou de suas condições genéricas. Na alteração efetiva, pode-se desviar tanto sua forma sintática e prosódica quanto suas condições de emprego, que pressupõem uma verdade de "bom-senso", veiculadora da "sabedoria das nações" e endereçada a um alocutário universal. O sucesso de um desvio depende de sua proximidade com o provérbio original, seja no que se refere às condições de emprego, ao significado ou ao significante.

Uma subversão proverbial bem-sucedida, que exibe nitidamente uma contradição entre as verdades proverbiais usuais e o conteúdo do provérbio derivado, é produzida por Millôr Fernandes. A fórmula proverbial "Diz-me com quem andas e te direi quem és" é desqualificada pela individualização da asscrção, que retira dela o caráter genérico típico dos provérbios:

> Diz-me com quem andas e te direi quem és. Exemplo: se andas sempre com um cara muito rico, é claro que és empregado dele. MILLÔR FERNANDES, provérbio datado de 1986.

A ruptura com o tom formal do provérbio original provoca estranhamento e, consequentemente, humor; a gíria e a expressão "é claro", típicas da oralidade, "modernizam" o provérbio, auxiliando sua subversão, e valorizando a asserção de Millôr. Dessa forma, muda-se o foco da influência exercida pelas companhias na personalidade e no comportamento dos indivíduos, em prol da valorização da asserção referente à persistência da desigualdade social no país.

Já a alteração das condições genéricas consiste em fazer um pastiche do gênero proverbial, elaborar um pseudoprovérbio, captando ou subvertendo suas "condições de emprego". Por vezes, imita-se a forma de seus enunciados curtos, estruturados em duas partes sintática e semanticamente simétricas, no tempo presente atemporal, com caráter genérico ou de definição. O *ethos* específico que contribui para marcar a distância entre o enunciador e o locutor citado, dado como responsável pela asserção, é marcado na entonação característica de textos-fórmula e de citações. É o caso do enunciado abaixo:

> Pobre gosta de luxo, quem gosta de pobreza é intelectual. Carnavalesco JOÃOSINHO TRINTA, 1976.

A estrutura formal da enunciação leva a supor uma coincidência entre um "hiperenunciador" que, atuando como "sujeito universal", validaria a citação, e os membros da comunidade cultural em que se inseria o carnavalesco Joãosinho Trinta. Sua experiência como membro dessa comunidade permitiu-lhe enunciar, em tom de verdade universal comparável a um provérbio, a fala que pretendia encerrar uma polêmica. Bem-sucedido, o simulacro tornou-se uma "verdade" bastante repetida. Nesses casos de imitação, os discursos apresentam um *ethos* específico que contribui para marcar a distância entre aquele que faz circular a declaração e o responsável por ela.

A eficácia da cenografia

A análise comprova a relevância da cenografia: aquilo que a seção "O Brasil em frases" pode dizer parece ser mais eficazmente dito na cenografia em que se materializa. Em outras palavras, a enumeração de declarações permite à seção da revista falar por meio dos discursos escolhidos. Tal cenografia resulta no *destacamento forte*, uma vez que o coenunciador não tem acesso à enunciação "original". Sob o pretexto de suprir essa necessidade de contextualização, a seção faz comentários que acabam por direcionar sua interpretação, num movimento de *sobreasseveração*.

As frases da seção se constituem em *aforizações*, em um sentido que, ampliado por Maingueneau, compreende, além das frases de funcionamento *sentencioso* (citações de cultura) como as máximas, ditados e provérbios, certas modalidades de aforizações *pessoais*, que exibem claramente seu estatuto de citação-prova.

Alguns dos enunciadores das frases selecionadas buscam dar a suas declarações pessoais a autoridade de aforizações sentenciosas; outros questionam a autoridade das verdades estabelecidas por tais sentenças. Decorre daí o desvio, que ora utiliza a autoridade sentenciosa em proveito da enunciação pessoal, num processo de *captação*, ora questiona tal autoridade, promovendo uma *subversão*.

Esses procedimentos são articulados pela *cenografia* da seção, em que as palavras, a construção e o tom, somados ao lugar social dos enunciadores e dos coenunciadores, o valor da revista como parte do mecanismo da indústria cultural, tudo significa. E o fato de existirem outros textos que garantem o que é dito nesses enunciados sedimenta os sentidos construídos e institucionaliza o dizer.

O tom adotado pela coletânea mescla deboche e denúncia, na apresentação das "deficiências inerentes ao caráter do político brasileiro", tratado ironicamente na maioria das frases, a despeito do estatuto documental pretendido por essa edição da revista. O resultado é um efeito de indignação social (ou, quem sabe, de conformismo, já que não há nada a fazer).

Ao operar a *interpretação* do sentido num viés tomado como único, os discursos que constituem a seção fragmentam e simplificam a identidade do brasileiro, num posicionamento denuncista e zombeteiro, que disciplina e reduz a memória. O diálogo entre esses enunciados reforça o imaginário a respeito da corrupção "presente no DNA dos brasileiros". E o leitor possivelmente se dá por satisfeito com a capacidade crítica da revista, que o ajuda a enxergar a "realidade", a não se portar ingenuamente.

O emprego de enunciados construídos com base no verbo ser, no presente do indicativo, e em palavras ou expressões abstratas presta-se a explicar, ordenar, classificar, tendo como resultado um sentido de essência, de marca constitutiva da qual é impossível se livrar. Assim, ainda que os fatos abordados na revista demonstrem que a construção do país vem sendo assumida e executada, paulatinamente, por sucessivas gerações, a cenografia da seção indica uma incapacidade do país em aprender com os erros e acertos do passado.

Nota

[1] Uma versão expandida deste texto foi publicada em 2009, na revista *Polifonia*, 19. Cuiabá: EDUFMT, pp. 1-28, com o título "A face do Brasil mostrada nas citações da revista *Veja*".

Referências

AUTHIER-REVUZ, J. *Palavras incertas*: as não-coincidências do dizer. Trad. C. R. C. Pfeiffer et al. Campinas: Editora da Unicamp, 1998.

______. *Entre a transparência e a opacidade*: um estudo enunciativo do sentido. Trad. E. Lemos. Porto Alegre: EDIPUCRS, 2004.

GRESILLON, A.; MAINGUENEAU, D. Polyphonie, proverbe et dètournement ou un proverb peut en cacher un autre. *Langages*, v. 19, n. 73, 1984, pp.112-25.

MAINGUENEAU, D. *Initiation aux methodes de l'analyse du discours*: problèmes et perspectives. Paris: Hachette, 1976.

______. *Novas tendências em análise do discurso*. Trad. Freda Indursky. Campinas: Pontes/ Editora da Unicamp, 1989.

______. *Análise de textos de comunicação*. São Paulo: Cortez, 2004.

______. *Gênese dos discursos*. Trad. Sírio Possenti. Curitiba: Criar, 2005.

______. [1998-2004] Cenas da enunciação. In: POSSENTI, Sírio; SOUZA-E-SILVA, Maria Cecília P. de (orgs.). Vários tradutores. Curitiba: Criar, 2006.

______. L'enonciation aphorisante. *Anais do V CONGRESSO DA ASSOCIAÇAO BRASILEIRA DE LINGUÍSTICA*. Belo Horizonte: UFMG, 2008, pp. 155-64.

VEJA. São Paulo, Abril, n. 2077, set. 2008. Edição comemorativa dos 40 anos.

______. Vídeo publicitário da revista *Veja*: AlmapBBDO. Disponível em: <http://veja.abril.com.br>. Acesso em: 7 abr. 2009.

Estereótipos de gênero e cenografias em anúncios publicitários

Fernanda Mussalim
Conceição Fonseca-Silva

Neste capítulo, discutimos a questão dos estereótipos de gênero e da construção de cenografias em anúncios publicitários veiculados em revistas brasileiras no século XX e na primeira década do século XXI, tentando problematizar a relação, muitas vezes dada como direta, entre os enunciados e as imagens veiculados em peças publicitárias e o processo de identificação dos(as) leitores(as) com certos estereótipos de gênero. Para tanto, realizamos o seguinte percurso: 1) inicialmente apresentamos algumas conceituações de estereótipo; 2) num segundo momento, a partir do resultado da análise de 66 peças publicitárias, apresentamos quais são os estereótipos de gênero presentes na publicidade brasileira no período considerado; 3) por fim, analisamos um anúncio publicitário em que verificamos, apoiados nos conceitos de *cena de enunciação* e *dêixis discursiva*, tais como concebidos por Dominique Maingueneau, de que maneira estereótipos do gênero feminino são discursivamente mobilizados.

Sobre estereótipos

Como sabemos, os estereótipos pertencem ao repertório de fórmulas, imagens, tópicos e representações compartilhadas pelos sujeitos falantes de uma língua determinada ou de uma mesma cultura.

O termo *estereótipo*, em sua origem etimológica *stereo*, significa sólido, firme. No final do século XVIII, o uso corrente desse termo estava reservado à tipografia e designava uma chapa com caracteres metálicos fixos que possibilitavam estereotipar páginas de texto para produzir cópias repetidas. O termo também já era usado de forma esporádica nas Ciências Sociais para denotar algo "fixo" e "rígido".

Na segunda década do século XX, no entanto, psicólogos sociais americanos empreenderam estudos sobre o conceito de *estereótipo*, tomando-o como esquema mental ou fórmula fixa. Por analogia, Lippmann (1922), em seus estudos, concebeu os estereótipos como representações ou imagens mentais necessárias que mediatizam nossa relação com o mundo e nossa visão da realidade. O autor destacou a rigidez das imagens mentais que dizem respeito a grupos sociais com os quais temos pouco ou nenhum contato direto e definiu os estereótipos como resultantes de um processo normal e inevitável, inerente à maneira como processamos a informação. Dessa forma, para ele, os estereótipos são imagens mentais que se interpõem entre o indivíduo e a realidade.

As ideias de Lippmann (1922) sobre estereótipos foram negligenciadas, nas décadas de 30, 40 e 50 do século XX, pela grande maioria das investigações empíricas (Adorno, Frenkel-Brunswick, Levinson e Sanford [1950] 1982; e Rokeach (1948)), que caracterizaram os estereótipos como um tipo inferior de pensamento, situando-os no domínio do patológico, ou seja, como projeções de fantasias indesejáveis, deslocamentos de tendências agressivas para os membros de outros grupos, ou subprodutos de síndromes de personalidade associadas ao autoritarismo e à intolerância. Por esse motivo, os estudos sobre estereótipo só ganharam novo fôlego a partir dos trabalhos de Allport [1954] 1979, que liga explicitamente os estereótipos ao processo de categorização; de Bruner (1957), que faz uma análise sistemática da concepção de inevitabilidade dos estereótipos; e de Tajfel (1981) e Tajfel e Wilkes (1963), que explicitam suas funções cognitivas e sociais, integrando-as num modelo explicativo das relações intergrupais, com o objetivo de facilitar a compreensão dos acontecimentos sociais complexos, justificar as ações coletivas dirigidas a determinados grupos sociais e criar ou manter diferenciações valorizadas positivamente de um grupo em relação a outro.

Barthes (1957), entretanto, ao tratar da questão dos estereótipos socioculturais e dos clichês mentais que predominam na sociedade contemporânea, apresenta uma concepção negativa do estereótipo, considerado como inevitável, uma vez que os signos linguísticos são estereótipos mentais compartilhados por falantes de uma língua, e o uso de uma língua é gregário a serviço de alguma forma de poder ou da opinião dominante. Na perspectiva atual dos estudos da linguagem, entretanto, a maior parte dos autores não assume essa concepção negativa do uso da língua.

Amossy (1991) e Amossy e Herschberg Pierrot (1997), por exemplo, descrevem as diferentes concepções e modalidades do estereótipo, mostrando que as Ciências da Linguagem consideram as formas estereotipadas como elementos de construção do sentido em diferentes níveis. Definem clichês como expressões cristalizadas que se repetem pela mesma forma, e os estereótipos como representações ou imagens coletivas cristalizadas e como esquemas culturais preexistentes ou preconstruídos – compartilhados no mundo social –, que contribuem para organizar as representações coletivas e o imaginário social. Esses esquemas se apresentam como elementos constitutivos do texto e lugares privilegiados de produção de sentido, pois possibilitam a inscrição do social e do histórico no texto.

Schapira (1999) divide os estereótipos em duas categorias. A primeira diz respeito aos estereótipos de pensamento, que funcionam como representações comuns ou esquemas conceituais mais ou menos estáveis que os indivíduos de uma comunidade social compartilham por tê-los recebido da tradição cultural. A segunda refere-se aos estereótipos linguísticos, que são fixados em fórmulas ou expressões determinadas de uma língua.[1]

Será da perspectiva de Amossy (1991) e Amossy e Herschberg Pierrot (1997) que identificaremos estereótipos de gênero[2] na publicidade.

Estereótipos de gênero na publicidade

Os *estereótipos de gênero*, como entendemos, podem ser definidos, a partir de Amossy (1991) e Amossy e Herschberg Pierrot (1997), como representações coletivas cristalizadas ou esquemas culturais preexistentes e compartilhados no mundo social, ligados tanto a *papéis de gênero* (crenças sociais relacionadas às atividades típicas atribuídas a mulher e a homem) quanto a *traços de gênero* (características psicológicas atribuídas a mulher e a homem). Os papéis de gênero (relacionados ao fazer) e os traços de gênero (relacionados ao ser) são indissociáveis.

Objetivando identificar quais estereótipos de gênero foram/são postos em circulação na publicidade brasileira, analisamos textos constituídos de formulações linguísticas e pictóricas de 66 anúncios publicitários[3] (de produtos dos mais variados estilos, aspectos e utilidades, tais como remédios, gêneros alimentícios, utensílios domésticos, vestuários, bebidas, celulares, cigarros, produtos de limpeza, produtos de beleza, carros), veiculados em revistas nacionais, no século XX e na primeira década do século XXI.

Observamos que, em 54 anúncios publicitários, dos 66 analisados, a mulher é, geralmente, apresentada em cenários domésticos e, raramente, em cenários relacionados ao campo profissional; associada a valores sociais como o autocontrole, a responsabilidade com a família, o cuidado com o corpo; apresentada como consumidora dos produtos; apresentada como mulher objeto de prazer, associada ao produto de consumo. O homem, por sua vez, é apresentado em cenários de reconhecimento social e profissional, realização pessoal, amizade e partilha; aparece em situações de maior ambição e em contextos despreocupados e alegres; apresentado como aquele que tem autoridade para dizer sobre o poder dos produtos, associado a situações sociais como trabalho e festas etc. e a situações simbólicas de *status*; apresentado como conquistador e em situações de lazer.

No conjunto de formulações linguísticas e pictóricas de 54 anúncios, as características identificadas em relação à mulher correspondem aos clássicos estereótipos: a) a mulher é responsável pelas atividades da esfera privada, porque é mais sensível; b) a mulher esposa e mãe deve educar seus filhos e realizar as tarefas domésticas; c) a mulher é objeto de contemplação masculina; d) a mulher-consumo encarna o valor associado a um produto. As características relacionadas a homens correspondem ao clássico estereótipo: o homem é responsável pelas atividades da esfera pública, porque é forte, provedor, dominante, líder, superior e conquistador. Nesses estereótipos de gênero, identificamos crenças sociais sobre o fazer típico da mulher e do homem (papéis de gênero) e características psicológicas que diferenciam mulher e homem (traços de gênero).

Observamos, também, que, em 12 anúncios, a mulher é apresentada em cenários multifacetados e com identidade plural, ou seja, em cenários domésticos e em cenários de campo profissional e de independência financeira, entre outros. O homem é apresentado: a) em cenários em que pode desempenhar seu trabalho e colaborar com as tarefas domésticas; b) em cenários de cuidado com o corpo, moda e beleza.

Além desses aspectos apontados, as análises do total de 66 anúncios publicitários (54 mais 12) indicaram que, ao lado dos tradicionais estereótipos de gênero, a partir do final do século XX, a representação de mulheres e de homens na publicidade vem sofrendo transformação, passando de um modelo patriarcal para um modelo mais igualitário, em que a mulher, apesar de continuar sendo dona de casa e mãe, ganha independência e capacidade para gerir a vida, e o homem passa a demonstrar maior sensibilidade e preocupação com o corpo e com a ocupação de tarefas domésticas ou próprias da paternidade.

No tópico a seguir, levando em consideração a discussão feita sobre as mudanças que vêm ocorrendo em nossa sociedade a respeito dos estereótipos de gênero na publicidade – especificamente no que tange à mulher –, apresentaremos a análise de uma propaganda da rede de lojas Marisa, publicada na revista *Elle* (2 fev. 1989), no Brasil. Na análise, como já dissemos, mobilizaremos os conceitos de *cena de enunciação* (em especial no nível da *cenografia*) e *dêixis discursiva*, tais como definidos por Maingueneau.

Cena de enunciação e dêixis discursiva

Maingueneau (2006) propõe uma análise da instância (ou cena) de enunciação, distinguindo três cenas – a *cena englobante*, a *cena genérica* e a *cenografia* – que operam em níveis complementares e se afetam mutuamente.

A *cena englobante* é a que corresponde ao que se costuma entender por tipo de discurso: o religioso, o político, o publicitário, por exemplo. Para interpretar um fragmento de discurso, é necessário que sejamos capazes de situá-lo em uma *cena englobante*, a fim de que seja possível perceber a título de que somos interpelados: a título de sujeito eleitor, no caso de discursos de tipo político; de sujeito consumidor, quando se tratar de discurso de tipo publicitário, e assim por diante. É, pois, a *cena englobante* que define o estatuto dos interlocutores num certo espaço social.

Além da *cena englobante* – imprescindível, mas não suficiente para definir as instâncias reguladoras da discursividade – outro nível constitutivo da *cena de enunciação* é a *cena genérica*, definida pelos gêneros de discurso.

De acordo com o autor, cada gênero de discurso implica uma cena específica que impõe aos sujeitos interlocutores um modo de inscrição no espaço e no tempo, um suporte material, um modo de circulação, uma finalidade. As condições de enunciação ligadas a cada gênero de discurso correspondem a certas expectativas e antecipações dos interlocutores a respeito de como devem se inscrever discursivamente por meio de certos gêneros que integram determinada *cena englobante*. Essas condições de enunciação são formuladas por meio de certas questões que levam em conta o caráter de legitimidade das práticas discursivas: quais os interlocutores, o lugar e o momento necessários para realizar esse gênero (em determinada cena englobante)? Quais as condições de/para sua circulação (em determinada cena englobante)? Que normas presidem seu consumo (em determinada cena englobante)? Como se pode perceber, por meio dessas formulações, apesar da especificidade da *cena genérica*, não é possível considerá-la independentemente da *cena englobante*; do mesmo modo como não é possível definir a *cena englobante* sem levar em conta o conjunto de gêneros que a compõe.

É nesse sentido que essas duas cenas – a *englobante* e a *genérica* – definem conjuntamente o que Maingueneau (2006) chama de *quadro cênico* do discurso. É esse quadro que define o espaço estável (o do tipo e o do gênero de discurso) no interior do qual o enunciado adquire sentido. Entretanto, não é diretamente com o *quadro cênico* que os sujeitos interlocutores se confrontam. Eles se confrontam com uma *cenografia* – terceiro nível que compõe a *cena de enunciação* do discurso –, que não é imposta pelo tipo ou gênero de discurso, mas instituída pelo próprio discurso. A cenografia, conforme o autor, é ao mesmo tempo aquilo de onde vem o discurso e aquilo que esse discurso engendra.

É com a *cenografia* que o leitor se confronta diretamente; é nessa instância que o leitor vê atribuído a si um lugar, porque "o texto lhe chega em primeiro lugar por meio de sua cenografia, não de sua cena englobante e de sua cena genérica, relegadas ao segundo plano, mas que na verdade constituem o quadro dessa enunciação" (Maingueneau, 2006: 252). A *cenografia*, portanto, é imposta pelo texto e, ao impor-se, constitui-se como condição e produto desse mesmo texto, isto é, está no texto e o constitui ao mesmo tempo.

É na *cenografia* que são validados os estatutos do enunciador e do coenunciador de um discurso; é nela também que se validam o tempo e o espaço a partir dos quais a enunciação se desenvolve. Assim, a *cenografia* implica uma figura de *enunciador* e, correlativamente, uma de *coenunciador*, bem como uma *cronografia* (um momento/tempo) e uma *topografia* (um lugar/espaço) a partir das quais o discurso pretende emergir. Esses três polos são indissociáveis. É, pois, possível perceber que, pela *cenografia*, são constituídas coordenadas espaço-temporais a partir das quais os discursos são proferidos por sujeitos que se inscrevem como enunciadores nessas coordenadas e interpelam outros sujeitos enquanto coenunciadores. A esses elementos assim dispostos, Maingueneau (1997) refere-se a partir do conceito de *dêixis discursiva*.

Cenografias e estereótipos de gênero na publicidade: uma análise e algumas considerações

Como já apontado no tópico "Estereótipos de gênero na publicidade", a representação de mulheres e de homens na publicidade vem sofrendo transformação. Ao lado dos estereótipos clássicos de gênero, novos estereótipos sobre mulheres e homens circulam na sociedade. Um conjunto de regras e comportamentos, alçado a modelos culturais, passou a constituir os estereótipos da mulher contemporânea ocidental e, no contexto de nossa abordagem, da mulher brasileira.

A propaganda da rede de lojas Marisa incorpora várias facetas (obviamente deixa muitas de fora) desses estereótipos, tais como eles têm se constituído/circulado no/pelo discurso publicitário. Nesse sentido, apresenta-se como uma peça publicitária representativa do *corpus* considerado e, também, como veremos, bastante interessante para perceber parte das muitas *cenografias* que têm sido construídas nas/pelas propagandas destinadas à mulher.

O título do anúncio das lojas Marisa é: *Marisa – de mulher para mulher*. Esse título precede o seguinte texto publicitário:

> Mulher trabalha em casa, trabalha fora, leva filho na escola, é feminina, charmosa, chora à toa, faz isso, faz aquilo... A Marisa respeita a mulher assim, como ela é. E é por isso que, na Marisa, a mulher não se sente explorada: ela se sente como se estivesse em casa. E até fica com vontade de voltar no dia seguinte e contar para a vendedora se o vestido vermelho fez sucesso no casamento da vizinha... É que na Marisa é assim mesmo: de mulher para mulher.

O anúncio também se vale de imagens fotográficas de uma mulher magra e bonita, trajando roupas diferentes, o que supostamente aponta para os diversos papéis sociais que ela desempenha. Essas imagens, que descrevemos a seguir, aparecem espalhadas pelas duas páginas que o anúncio ocupa na revista: 1) imagem de mulher usando lingerie rendada; 2) imagem de mulher usando camisola e penhoar rendados, falando ao telefone; 3) imagem de mulher vestindo camisa, saia longuete, meia social, sapato e segurando uma pasta de executiva; 4) imagem de mulher vestindo blazer, saia longuete, meia social, sapato, óculos escuros, segurando uma pasta executiva em uma das mãos e, na outra, uma carteira social e um jornal; 5) imagem de mulher usando vestido de alcinha e acima dos joelhos, sapatos baixos e fechados, segurando um pacote com compras de supermercado em uma das mãos e, na outra, um ramalhete de flores; 6) imagem de mulher trajando camiseta, colete, calça jeans capri, meia soquete e sapato fechado, segurando materiais escolares.

Partindo do pressuposto de que a publicidade agrega valores aos produtos, uma questão importante a ser colocada é como se dá esse processo. As *cenografias* têm um papel fundamental na condução da construção desse processo de agregação de valores e, consequentemente, de constituição de um processo que possibilita a identificação do sujeito consumidor com o produto oferecido.

Na propaganda analisada, o texto publicitário introduz um processo descritivo – *Mulher trabalha em casa, trabalha fora, leva filho na escola, é feminina, charmosa, chora à toa, faz isso, faz aquilo [...] E até fica com vontade de voltar no dia seguinte e contar para a vendedora se o vestido vermelho fez sucesso no casamento da vizinha* – que se estende por meio das imagens da propaganda. Esse texto é, do ponto de vista da estrutura textual, tipicamente descritivo: os verbos estão no presente do indicativo; a sequência de eventos descritivos produz um efeito de listagem (dos diversos papéis sociais que a mulher desempenha); o processo de adjetivação produz uma caracterização do objeto descrito, cujo efeito é de especificação desse objeto (no caso a mulher).

Todas essas descrições constroem cenários em que a protagonista é a mulher (mulher trabalhando fora de casa; mulher trabalhando dentro de casa; mulher levando filho na escola; mulher charmosa; mulher feminina; mulher que chora à toa etc.). Esses cenários – as ações que neles se desenvolvem e a caracterização da protagonista – não são exaustivamente descritos, visto que apenas alguns elementos que os constituem são designados pelo texto. O mesmo ocorre em relação ao paratexto, isto é, às imagens veiculadas na propaganda. Apenas alguns elementos são designados por essas imagens: *mulher usando lingerie e camisola rendadas*; *mulher carregando compras de supermercado*; *mulher segurando flores*; *mulher trajando saia social e blazer*; *mulher segurando pasta à moda de executivos*; *mulher segurando jornal*. A partir desses elementos, designados pelas formulações linguísticas e pelas imagens, é que se constituem as coordenadas da *dêixis discursiva* (dentre elas, as coordenadas de espaço e tempo), que consiste em um primeiro acesso às *cenografias* construídas no/pelo "texto".

Assim, considerando esses elementos, é possível caracterizar o espaço em que a mulher se move – da casa para o trabalho; do trabalho para a casa; da casa e/ou do trabalho para as lojas Marisa e vice-versa; desses lugares para o supermercado e vice-versa; da casa para a casa de uma amiga ou de alguém da família, por meio de uma ligação telefônica – como um espaço urbano moderno no qual se desenrola a história protagonizada pela mulher. Essa protagonista, por sua vez, é designada a partir de determinados aspectos externos – a roupa que veste, as ações que realiza –, que, na verdade, constituem, juntamente com as designações textuais referentes à sua compleição psicológica (*é feminina, charmosa, chora à toa*), os modos de fazer, ser e estar dessa protagonista no espaço social urbano que ocupa.

O tempo em que se desenrola a história protagonizada pela mulher caracteriza-se por uma divisão entre o tempo diurno – em que se trabalha, vai ao supermercado, leva filhos na escola, faz compras nas lojas Marisa – e o tempo noturno – em que se vai ao casamento da vizinha e trajam-se lingeries e camisolas rendadas. Esse tempo também pode ser caracterizado por uma divisão entre o tempo de trabalho e responsabilidades e o tempo de lazer e fruição, divisão que coloca a caracterização do tempo em uma perspectiva menos rígida, já que esses diferentes momentos podem se superpor continuamente. Em linhas gerais, portanto, a *dêixis discursiva* construída a partir das designações do texto e das imagens pode ser descrita conforme o Quadro 1.

A partir desses elementos referidos no quadro, que constituem as coordenadas da *dêixis discursiva*, diversas *cenografias* são evocadas, isto é, mostram-se: uma ida ao supermercado; uma situação de trabalho; uma situação de levar filhos à escola; de ida a um casamento; de falar com uma amiga ao telefone; de dormir e/ou acordar vestida de maneira sedutora; de momentos de crise (a mulher chora); de ir às lojas Marisa. Todas essas *cenografias* possibilitam um processo de identificação do coenunciador com a pluralidade de identidades femininas (ou com a identidade feminina plural) apresentadas/construídas na/pela propaganda. Mas como se dá esse processo de identificação?

A noção de estereótipo, tal como compreendida por Amossy (1991) e Amossy e Herschberg Pierrot (1997) nos ajuda a responder a essa questão. Segundo as autoras, como vimos, os estereótipos são representações coletivas cristalizadas ou esquemas culturais preexistentes e compartilhados no mundo social. Esses esquemas se apresentam como elementos constitutivos do texto publicitário e lugares privilegiados de produção de sentido que possibilitam a inscrição do social e do histórico no texto. O estereótipo é, dessa forma, também uma construção de leitura, uma vez que ele somente emerge no momento em que o sujeito-leitor recupera, no discurso, esses elementos espalhados e frequentemente lacunares, para reconstruí-los em função de um modelo cultural preexistente.

Nessa propaganda analisada, o sujeito-leitor recupera os elementos que constituem a dêixis discursiva e que evocam as cenografias com as quais ele lida diretamente. Essas cenografias, por sua vez, mobilizam estereótipos de gênero – que são esquemas culturais preexistentes e compartilhados no mundo social – que indicam/constituem uma identidade feminina plural, aceita e compartilhada na nossa sociedade (e é por isso que se supõe que os valores agregados ao produto vendido na propaganda sejam considerados positivos).

ENUNCIADOR	**Protagonista (imagem de mulher construída na/pela propaganda)**	Caracterizada a partir de aspectos externos (a roupa que veste, as ações que realiza), que constituem, juntamente com as designações textuais referentes à sua compleição psicológica (*é feminina*, *charmosa*, *chora à toa*), os modos de ser e estar da protagonista no espaço social urbano que ocupa.
COENUNCIADOR	**A mulher leitora desta propaganda específica**	Instituída como coenunciadora no/pelo processo de leitura.
TOPOGRAFIA	**O espaço urbano social no interior do qual a protagonista se move**	Da casa para o trabalho; do trabalho para a casa; da casa e/ou do trabalho para as lojas Marisa e vice-versa; desses lugares para o supermercado e vice-versa; da casa para a casa de uma amiga ou de alguém da família, por meio de uma ligação telefônica.
CRONOGRAFIA	**Dia/Noite Trabalho/Lazer**	Dia/Trabalho (momento em que se trabalha, vai ao supermercado, leva filhos na escola, faz compras nas lojas Marisa); Noite/Lazer (momento em que se vai ao casamento da vizinha e trajam-se lingeries e camisolas rendadas).

Quadro 1 – Dêixis discursiva construída a partir das designações do texto e das imagens.

Em outras palavras, os estereótipos são mobilizados no nível da cenografia, que é a instância com a qual o sujeito-leitor lida diretamente. Entretanto, para que o efeito de identificação possa vir a ocorrer, não basta que haja a presença desses estereótipos (fotos e enunciados que reforçam modelos culturais preexistentes); é preciso que o leitor os recupere no/pelo processo de leitura, tornando-se, assim, coenunciador. Não se trata, portanto, de um processo unilateral, em que se impõem estereótipos a serem aceitos e seguidos. Diferentemente, é um processo que implica um sujeito-leitor que pode, inclusive, resistir ou não se identificar com as identidades apresentadas no discurso publicitário.

A conceituação de estereótipo de Amossy (1991) e Amossy e Herschberg Pierrot (1997), mobilizada na análise que aqui apresentamos, pareceu-nos bastante produtiva para nossos propósitos, não só por se tratar de uma conceituação de base discursiva, mas também por lançar luzes sobre o tema dos processos de identificação aqui abordados, bem como sobre questões caras à Análise do Discurso (AD), como a da relação entre linguagem e aspectos históricos, sociais e culturais. Ou, neste último caso, para dizer de outro modo, por lançar luzes em torno da discussão sobre a AD dever/poder falar em representação ou se, a depender da concepção de história que assume, deverá somente considerar a relação de constitutividade entre história e discurso – a fim de manter a distância o medo do ressurgimento de velhas dicotomias entre linguagem e mundo, entre as palavras e as coisas.

Notas

1 Conforme Amossy e Herschberg Pierrot (1997), os estereótipos linguísticos são estudados dentro do campo da fraseologia como unidades fraseológicas, cujas classes de unidades são diversas, tais como: locuções de diferentes tipos (enunciados rotineiros do ritual da conversação, fórmulas rituais de cortesia, *slogans* etc.), paremias ou enunciados proverbiais (refrãos, ditos populares) citados como estereótipos argumentativos e didáticos apoiados na sabedoria popular tradicional. Os estereótipos linguísticos a) são adquiridos pelos falantes com o conhecimento e o uso da língua e armazenados em sua memória; b) funcionam associados a determinados esquemas conceituais pré-construídos e compartilhados; c) podem ser introduzidos em atos concretos de comunicação para facilitar o entendimento do interlocutor, desde que este disponha da necessária competência linguística, situacional e sociocultural. As unidades fraseológicas têm, de um lado, a forma da expressão constituída por um conjunto de termos que apresenta um nível mais ou menos elevado de fixação idiomática; e, de outro lado, o significado que constitui o sentido global ou estereótipo de pensamento transmitido ou comunicado por meio da forma da expressão de cada unidade fraseológica.

2 Scott (1988) define gênero como elemento constitutivo das relações sociais fundado sobre as diferenças construídas sobre o sexo. Gênero, na perspectiva da autora, está relacionado a: 1) símbolos culturalmente disponíveis que evocam representações simbólicas; 2) conceitos normativos (expressões nas doutrinas

religiosas, educativas, políticas e científicas) que põem em evidência as interpretações do sentido dos símbolos; 3) instituições e organização social; 4) identidade subjetiva.

[3] Esses anúncios publicitários fazem parte do *corpus* constituído por pesquisadores docentes e alunos de iniciação científica do Grupo de Pesquisa em Análise de Discurso (GPADIS).

Referências

ADORNO, T. W.; FRENKEL-BRUNSWICK, E.; LEVINSON, D. J.; SANFORD, R. N. *The Authoritarian Personality*. Nueva York: Norton, 1982.

ALLPORT, G. W. *The Nature of Prejudice*. Cambridge, New York: Addison Wesley, 1979.

AMOSSY, R. *Les Idées reçues.* Sémiologie du stéréotype. Paris: Nathan, 1991.

AMOSSY, R.; HERSCHBERG PIERROT, A. *Stéréotypes et clichés*: langue, discours, société. Paris: Nathan, 1997.

BARTHES, R. *Mythologies.* Paris: Seuil, 1957.

BRUNER, J. S. On perceptual readiness. *Psychological Review*, n. 64, 1957, pp. 123-52.

ELLE, São Paulo, Abril, n. 2, 2 fev. 1989.

LIPPMANN, W. *Public Opinion*. New York: Free Press, 1922.

MAINGUENEAU, D. *Novas tendências em análise do discurso.* Trad. Freda Indursky. 3. ed. Campinas: Pontes/Ed. da Unicamp, 1997.

______. *Discurso literário*. Trad. Adail Sobral. São Paulo: Contexto, 2006.

ROKEACH, M. Generalized mental rigidity as a factor in ethnocentrism. *Journal of Abnormal Social Psychology*, n. 43, 1948, pp. 259-78.

SCHAPIRA, C. *Les stéréotypes en français:* proverbes et autres formules. Paris: Ophrys, 1999.

SCOTT, J. Genre: une catégorie utile d'analyse historique. *Les Cahiers du Grif*, v. 37, n.8, 1988, pp. 125-53.

TAJFEL, H. *Grupos humanos e categorias sociais*. Lisboa: Livros Horizonte, 1981.

______ ; WILKES, A. L. Classification and quantitative judgement. *British Journal of Psychology*, v. 54, 1963, pp. 101-14.

A leitura como um bem: *slogans* e consenso

Luciana Salgado

Quando Waly Salomão integrava a equipe do Ministério da Cultura, em 2003, com vistas a assumir a Secretaria Nacional do Livro e Leitura, concedeu a Heloísa Buarque de Hollanda uma entrevista que ecoaria em diversos sites e outras publicações com a súbita morte do poeta, dois meses depois. No fim dessa entrevista, intitulada “A poesia no poder”, W. Salomão diz:

> Penso agir com muita dedicação, sonho e catimba, que é uma palavra que vem da África. *Sonho com um povo mais bem alimentado, letrado, gostando de livro, mas sem estar oprimido pela leitura.* Sonho com o Brasil, nesta gestão Lula, assumindo sua face original e diversificada perante o mundo. O livro pode ajudar nisso. *Minha meta é transformar o livro numa carta de alforria.* (Disponível em: <http://walysalomao.com.br>. Acesso em: 25 mar. 2010, grifos nossos)

Há aí uma posição que se põe de modo contundente. Nas passagens sublinhadas, a leitura aparece como libertação, e há uma ressalva bem marcada: não pode ser uma opressão. O livro, entendido como “carta de alforria”, deve ajudar a construir uma identidade, no caso do Brasil, de “uma face original e diversificada perante o mundo” identidade que não se pode impingir, impor, obrigar a ser.

Gostaria de partir dessa fala de W. Salomão para pensar sobre um consenso bastante assentado quanto ao livro e à leitura no Brasil hoje: supostamente, nenhuma pessoa de bom-senso questiona a importância do livro e da leitura na formação de cidadãos críticos e autônomos. É essa noção que pauta muito do que se diz e se produz no setor, tanto por parte dos órgãos que implantam políticas públicas nas várias esferas administrativas, quanto das ONGS e outras organizações da sociedade civil, e mesmo na conversa do dia a dia. Assim, a princípio, essa noção não levanta debates, não causa estranhamentos, não provoca desavenças... Mas a ressalva de W. Salomão parece apontar para algo importante, que é mais do que uma ode à liberdade. Penso ser uma advertência, e é isso o que encaminha estas reflexões.

Parto de uma constatação empírica: a de que desde 2005, ano do "Vivaleitura",[1] multiplicaram-se, muitas vezes sobrepondo-se, campanhas de fomento à leitura. Não há dúvida de que muitas delas consequentes, outras não, mas, nesta ocasião, não farei um balanço dos proveitos da sinergia promovida; antes, constatando a força da convergência de muitos projetos, programas e políticas, que pode ser verificada, por exemplo, nos boletins e bancos de dados do Observatório do Livro e da Leitura,[2] procuro olhar com mais vagar para a profusão de *slogans* que circula. Considero, assim, a circulação social desses dizeres sintéticos (ou sintetizantes), que relevam de um regime específico de enunciação a que Dominique Maingueneau propõe chamar *aforização*:

> Pela aforização, o locutor – que podemos chamar de *aforizador* – se põe acima das restrições específicas deste ou daquele gênero de discurso. Ele assume o *ethos* de um locutor que fala do alto, um indivíduo que entra em contato com uma Fonte transcendente; ele não se dirige a um interlocutor que está no mesmo plano que ele e poderia responder, mas a um auditório universal. Ele supostamente enuncia *sua* verdade, subtraída qualquer negociação, exprime uma totalidade vivida: seja uma doutrina ou uma certa concepção da existência (cf. nesta obra, capítulo "A aforização proverbial e o feminino").

Assim, a circulação dos *slogans* pode ser entendida como ativação de um "saber das nações". Ainda que caiba discutir as dessemelhanças entre *slogans* e provérbios, por exemplo, é notório que também os *slogans* são enunciados por uma voz que está para além de qualquer indivíduo e, ao mesmo tempo, ao serem enunciados, acolhem os indivíduos numa dada comunidade, conferindo-lhes uma identidade. Isso se dá justamente porque sua enunciação reitera valores e quadros socialmente estabelecidos, historicamente estabelecidos, ainda que muitas vezes pretendam promover o "novo" – no caso, o hábito de ler, posto como algo que tem, indiscutivelmente, de ser estimulado, incentivado, fomentado... Disso se pode entender, parece, que, embora seja bastante assentada a ideia de que a leitura é fundamental, ela não tem se revertido satisfatoriamente em práticas sociais; afinal, por que se multiplicaria assim o clamor pela leitura?

Para prosseguir na análise dos *slogans* ligados ao livro e à leitura, será bom nos determos, ainda que minimamente, no que chamamos de "mercado editorial". Do ponto de vista discursivo, trata-se de entender um certo espaço de trocas que se institui conforme se fala em *mercado editorial* – quem fala, como fala, de onde fala etc. Aqui, assumiremos como fato fundador das trocas coletadas um marco regulatório: a chamada Lei do Livro, promulgada em outubro de 2003. Trata-se da primeira lei brasileira que regulamenta extensivamente os setores ligados ao livro e à leitura; antes dela, havia apenas um decreto de 1992 que instituiu o Programa Nacional de Incentivo à Leitura (Proler),[3] voltado sobretudo, pelo menos num primeiro momento, a ações de "conscientização sobre a importância da leitura".

A partir da promulgação dessa lei, que prevê a regulação de profissões, modos de produção, comercialização e difusão dos livros, acompanhei uma série de boletins e informes de sindicatos patronais e de trabalhadores, de organismos como a Associação Brasileira de Leitura (ABL), de grupos como a Liga Brasileira de Editores (Libre) (que faz a Primavera dos Livros), anais de congressos de editoração, entre outros (cf. Salgado, 2007). Enfim, vozes que se põem como participantes do mercado editorial, ou como críticas, estudiosas... vozes de lugares variados, que têm em comum referirem um "mundo dos livros", incluindo as questões atuais sobre as transformações tecnológicas e a discussão em torno dos direitos autorais.

Considerei também os achados de duas grandes pesquisas que aconteceram no período. Em 2004, por encomenda do BNDES, pesquisadores do Grupo de Economia do Entretenimento da Universidade Federal do Rio de Janeiro (UFRJ) organizaram um levantamento inédito, intitulado "O desenvolvimento da cadeia produtiva do livro no Brasil em perspectiva internacional comparada: propostas de ações públicas e privadas na construção de uma agenda de transformação setorial".[4] Nunca antes o mercado editorial brasileiro fora estudado por abordagens econômicas específicas. Em 2007, publicou-se a segunda edição da pesquisa Retratos da Leitura no Brasil (a primeira é de 2001), um estudo sobre o comportamento leitor no país, conduzido, agora, pelo Instituto Pró-livro, uma OSCIP criada em 2006 por entidades bastante variadas, encarregada de "fomentar a leitura e difundir o livro".[5]

Além disso, é preciso considerar que a dinâmica dessas discursividades tem sido regida por eixos coordenados desde 2006 no Plano Nacional do Livro e Leitura (PNLL), que reúne ações não só do governo, mas também de grupos variados, de portes bem diversos, de condições jurídicas diferentes, inclusive de caráter internacional.[6]

Esse campo discursivo é tecido, então, por dizeres que se sucedem (*slogans* inclusive), abrigados sob o consenso "ler é importante porque emancipa" ou "o livro é importante porque emancipa", na maior parte das vezes homologados "livro" e "leitura", o que certamente abre para novas questões. Mas a questão que ora se põe, advertidos que fomos pela ressalva de Waly Salomão, é: como se produz esse consenso?

Olhando detidamente para a heterogeneidade dessas fontes mencionadas e dos fios de discurso que alimentam o dito "mundo do livro", vemos que se trata, na verdade, de uma *administração coletiva do dissenso*. Um breve exemplo pode ser esclarecedor: em 2005, foi criado um fundo gerido hoje pelo Instituto Pró-livro (mencionado anteriormente), resultado de uma vontade coletiva, envolvendo setores do governo e da sociedade civil; a missão desse fundo é subsidiar ações de fomento à prática da leitura, disso ninguém duvida, mas desde a sua primeira campanha há controvérsias. Estrelada por artistas de novela da Rede Globo de Televisão, a campanha propunha "Ler é gostoso. Tem que ler", e gerou polêmica quando alguns questionaram a ideia de "gostoso" ao lado da ideia da obrigatoriedade "tem que". Atualmente, numa outra esfera de disputa, discute-se a forma de contribuição para o fundo, que fora estabelecida em 1%, mas não se definira se esse 1% incidiria sobre o faturamento ou sobre o lucro das entidades contribuintes, nem se essa contribuição deveria permanecer voluntária ou passaria a compulsória.

Isso se dá porque os envolvidos falam de lugares discursivos diferentes, estão em permanente embate. E assim acontece em muitas frentes de trabalho e organismos gestores, cujas normatizações, que parecem óbvias num primeiro momento, pois lhes dão identidade, esbarram o tempo todo em entendimentos distintos sobre a leitura, sobre como fomentar a leitura, e mesmo sobre a própria noção de que ela é emancipatória, isto é, sobre o que faz dela um caminho de emancipação.

Assim, posto que o campo se constitui numa administração coletiva do dissenso, abordarei certos percursos de *slogans* que estão em jogo nessa dinâmica. Recorro, para isso, à noção de fórmula proposta por Alice Krieg-Planque, que permite entender, no quadro discursivo aqui evocado, que uma dada sequência linguística ganha estabilidade numa dada conjuntura, porque, a certa altura de sua circulação, acumulam-se relações parafrásticas que delimitam um conjunto saturado de enunciados. E esse conjunto, atualizado em aforizações, configura posicionamentos.

Segundo a proposta de Krieg-Planque (2010), uma fórmula se define por:

- ter um caráter cristalizado;
- inscrever-se numa dimensão discursiva;
- funcionar como um referente social;
- comportar um aspecto polêmico.

Em linhas gerais, quanto ao caráter cristalizado, podemos dizer que se trata de uma certa estabilidade de um significante (palavras, frases etc.), cujos rastros se podem seguir. Ainda que haja variações, é como se as variantes compusessem um "campo magnético", um lineamento que tende a convergir para um "núcleo" – possivelmente, a versão mais recorrente da fórmula ou, digamos, a mais cristalizada.

No que tange à dimensão discursiva em que toda fórmula se inscreve, trata-se de entender que o fato de uma sequência se definir por uma materialidade estável e linguisticamente descritível não é suficiente para delimitar uma fórmula. Embora a formulação material seja imprescindível para sua identificação, são seus usos na atividade linguageira, que é socialmente demarcada, historicamente demarcada, que lhe garantem o caráter formulaico.

Isso se liga diretamente a seu funcionamento como referente social, isto é, ao fato de uma dada sequência material se tornar, num dado momento, numa certa comunidade, uma passagem obrigatória dos discursos. Há um aspecto de notoriedade em toda fórmula; ela é, necessariamente, um signo conhecido de todos num dado período, e todos são chamados a assumir alguma posição em relação ao que está condensado no material linguístico cristalizado, sintetizador de usos, de retomadas.

Daí advém seu aspecto polêmico. Sendo uma passagem obrigatória no espaço público, toda fórmula exige dos sujeitos enunciadores que, enunciando-a, estejam favoráveis ou contrários aos caminhos que cristalizam a sequência, ou mesmo que problematizem ou refaçam esses caminhos, mas sempre se posicionando em relação a eles, ou seja, sempre assumindo um lugar que se produz, na rede interdiscursiva, em relação a outros lugares, por definição.

É justamente esse caráter polêmico que nos interessa examinar aqui. Despertados pela fala de W. Salomão é que pudemos chegar a compreender que o consenso apaziguado tem um custo social e político inerente: esforços coletivos permanentes para administração do dissenso, o que implica reconhecer a heterogeneidade de posicionamentos que configura toda atividade humana.

Assim é que pretendo pensar nos *slogans* como pontos nevrálgicos de uma rede que tece o consenso da importância do livro e da leitura como meios de emancipação (do aluno, do trabalhador, do cidadão etc.). Trata-se de procurar entender melhor essa tessitura.

Com base nisso, diante dos *slogans* de campanha coletados, percebi que classificações quantitativas seriam improdutivas, pois, além de serem muitas campanhas, elas se sucederam e ainda se sucedem com fôlegos e propósitos diferentes, sendo que, além das oficiais, há cada vez mais campanhas, principalmente de doação de livros, que são uma estratégia de marketing – de restaurantes, lojas de material de construção, supermercados, drogarias etc. Nestas, quase sempre os livros são depositados em grandes contêineres logo na entrada do estabelecimento, onde são dispensados como os pacotes de alimento ou os agasalhos em outras campanhas.

E nos *slogans* dessas campanhas "de porta de loja" se repete o que há nas campanhas mais estruturadas, de maior porte e de outra oficialidade. É possível dizer que há fundamentalmente duas fórmulas em circulação:

> doe livros = doe diversão, prazer
> doe livros = doe conhecimento, sabedoria

Ou, se não são campanhas de doação:

> ler é diversão, prazer
> ler é conhecimento, saber

A sequência paradigmática é esta: LER É...

> legal, bacana, gostoso, divertido, uma viagem, uma delícia, um prazer, uma descoberta etc. (com variações como "Paixão de ler") e, neste caso, é a diversão que aparece como aquilo que emancipa

ou

> uma conquista, crescimento, aquisição de saber, evolução, melhoramento, ascensão social etc. (com variações como "Ler pra crescer") e, neste caso, o conhecimento é o que emancipa.

E parece relevante registrar, nesta altura, que esses entendimentos raramente se sobrepõem ou convivem numa mesma campanha – ou ler é prazer, fruição; ou ler é esforço, crescimento. E também parece interessante notar que nessas formulações – ler [o quê?] é divertido; ler [o quê?] é conhecer – um preenchimento crucial fica a cargo do "leitor", e aí se pode retomar toda a discussão sobre a diversidade dos gêneros discursivos e as práticas que os consagram ou transformam. Ocorre que, se se trata de falar a quem não tem o hábito da leitura, de estimular quem não tem experimentado práticas de leitura, soa particularmente aberta e incerta a proposta de preenchimento. Talvez coubesse refletir sobre a eficácia das campanhas nessa direção.

Em certa medida, é o que a pesquisa Retratos da Leitura no Brasil 2007 pretendeu fazer, procurando compreender práticas, comportamentos e imaginários. Mas aqui eu gostaria de me deter noutro ponto ainda, especialmente revelador do jogo de libertações e opressões desencadeado pelas campanhas de fomento à leitura. Trata-se de uma inversão que se opera num certo grupo de *slogans* do arquivo coletado, um conjunto evidentemente heterogêneo que, para o momento, proponho entender como uma deriva das duas fórmulas identificadas: são produtos, instituições e pessoas que, ao se promoverem, procuram construir de si uma imagem ligada aos livros e a práticas de leitura, procuram se pôr como "celebridade não fútil". Os pré-construídos aí são claros: a celebridade é algo desejável, mas frequentemente é identificada com frivolidade, e os livros são coisa de gente séria.

Apresentarei, a seguir, quatro exemplos emblemáticos desse conjunto-deriva.

1) Desde 2004, existe o Blog da Thalita, no qual há uma seção "LER É BACANA", que distribui camisetas, postais e broches com esse *slogan* e consiste num pequeno texto que introduz muitas fotos da jornalista e escritora Thalita Rebouças abraçada a nomes como Ziraldo, Ana Maria Machado, professor Pasquale, Adriane Galisteu, Luis Fernando Veríssimo, Nelson Motta etc., todos com o referido broche. Diz ela no pequeno texto:

> Sempre que eu visito escolas aparece um adolescente que fala na minha cara, sem a menorrrr vergonha: "Ler é chato". Como sei que ler é o oposto de chato, há três anos resolvi criar a campanha "LER É BACANA". Também usei outras frases, como "Ler é irado" e "Ler é tuuudo de bom!". *No fundo, claro, a mensagem é a mesma: percam a implicância com os livros e entendam que o hábito da leitura é maravilhoso!*
>
> A minha primeira ideia foi fazer camisetas para divulgar a campanha em eventos literários, tardes de autógrafos e visitas às escolas.

Depois vieram os postais e os broches. (Disponível em: <http://www.thalita.com>. Acesso em: 25 mar. 2010, grifos nossos)

Segue-se, então, a galeria de fotos que reiteram a cenografia de feiras de livros ou noite de autógrafos, sempre composta por famosos dos meios editoriais que também circulam, de um modo ou de outro, na televisão. O apelo à adolescência e ao que há de efervescente na leitura justifica sua circulação também nas escolas. E, na passagem sublinhada, vemos ecoar a advertência de W. Salomão: segundo Thalita, a princípio há, sim, uma má vontade, uma "implicância" que é preciso superar, e quem sabe "como ler é o oposto e chato" deve trabalhar, por todos os meios, para isso.

2) Em 2007, uma grife de roupas famosa, o Cantão, lançou no Fashion Rio sua coleção de inverno para 2008, chamada Mar de Histórias, feita de estampas com referências a clássicos da literatura como D. Quixote, Alice no País das Maravilhas, Pequeno Príncipe... e palavras bordadas com fios de lã. No cenário, pilhas de livros brancos amontoados, prestes a ganhar vida quando as modelos começassem a desfilar. Além disso, durante o período do Fashion Rio, a grife espalhou estandes de livros pela zona sul da cidade, nos quais oferecia exemplares desses clássicos. Num dos textos noticiosos da coleção, lia-se:

> Marca com décadas de história na moda, o Cantão sabe direitinho como fazer de suas coleções acontecimentos e manias no Rio de Janeiro. Qual jovem carioca não teve uma mochila jeans do Cantão? Qual menina nunca teve ou quis um vestido, uma blusinha? A marca acompanha os cariocas há realmente muitos anos, e por isso é tão querida.
>
> E a coleção "Mar de Histórias" não é só roupa. *Eles armaram bancas de livros pela zona sul da cidade, viraram nome de sorvete em uma das sorveterias mais pop do Rio e menu especial em um bistrô charmoso de Ipanema.* Enfim, um acontecimento mesmo.
>
> Salão lotado, passarela toda branca, com montanhas (mares?) de livros também brancos. Rock'n'roll na trilha, e os looks que as garotas cariocas adoram. Inspirada em clássicos da literatura como Dom Quixote e Alice no País das Maravilhas, a coleção vai do austerismo (essa palavra existe?) militar ao surrealismo multicolorido. (Disponível em: <http://colunistas.ig.com.br/moda/2008/01/10/mar-de-historias-do-cantao/>. Acesso em: 25 mar. 2010, grifos nossos)

Os ícones de uma certa cultura letrada evocada pela grife, que tem tradição no universo da moda brasileira, lhe conferem ares de consistência, corroborando a imagem de uma instituição que pauta comportamentos, instituindo imaginários – sua influência na vida carioca está contundentemente registrada, sobretudo no primeiro parágrafo. Quanto à passagem sublinhada, põe a leitura em pé de igualdade com outros valores dessa comunidade e, juntos, eles fazem da coleção "um acontecimento mesmo".

3) Desde 2007, em seu blog literário chamado Escrever por Escrever, o endocrinologista Rafael Reinehr criou uma campanha que obteve forte adesão, segundo o que se lê nos comentários postados em seu blog. O *slogan*: "Ponha um livro em seu consultório". No texto de abertura, ele diz:

> Toda vez que vamos a algum consultório médico, psicológico, dentário, fisioterapêutico, etc, além do cafezinho e da água temos a nosso dispor um punhado de revistas, geralmente de mês passado (senão mais velhas) para que passemos o tempo enquanto esperamos nossa vez.
>
> Lá no meu consultório é diferente: nada de revistas! Tudo que você encontra são livros e panfletos informativos acerca das enfermidades da minha área de especialização e de minha esposa (Endocrinologia e Psicologia, respectivamente).
>
> É claro que ninguém pensaria em colocar *O nome da rosa*, do Umberto Eco, à disposição para leitura, mas livros de contos, narrativas curtas ou poesias sempre são bem-vindos. *Além de estimular a leitura por parte de nossos amados pacientes, acabamos por incrementar o mercado editorial brasileiro, pois a cada 3 ou 4 meses podemos estar substituindo os livros oferecidos.*
>
> Vejam a foto do nosso aparador com os livros que estamos disponibilizando atualmente. (Disponível em: <http://reinehr.org/efervescencias/quase-ideias>. Acesso em: 25 mar. 2010, grifos nossos)

E lá está a foto do aparador, mostrando uma cenografia altamente validada: um consultório como muitos dos que conhecemos, mas com livros – a novidade. E é dessa novidade que se depreende, conforme se pode ler na passagem anteriormente sublinhada, um certo engajamento desses médicos no mundo da cultura letrada, por meio do estímulo à leitura junto a seus pacientes e à produção editorial do país.

4) Em 2009, num estacionamento privado que fica sobre a areia da praia de Tambaú, em João Pessoa-PB, logo na entrada dois grandes murais mostram fotos de pessoas doando livros para bibliotecas locais, e as legendas são semelhantes às das colunas sociais, com nomes, sobrenomes e menções aos apertos de mão e abraços fotografados. Encimando a galeria de fotos comentadas, o nome ESTACIONAMENTO se segue do *slogan*: "Doe um livro e espalhe sabedoria".

Também aqui os livros vêm dar ao ambiente ares de seriedade por meio do incentivo ao que se põe como partilha social de um bem comum; trata-se de uma cenografia algo inusitada para um estacionamento, mas apoiada no rumor público que se tem produzido em torno do livro e da leitura, como vimos.

É evidente que nesses exemplos aparecem representações de leitura às vezes bem diferentes, mas logo verificamos que todos operam a inversão mencionada: em vez de "ler é importante porque é divertido, instrutivo etc.", aparece algo como "eu importo porque sou divertido, instruído... porque tenho livros, porque dou livros, porque leio". A heterogeneidade constitutiva das fórmulas básicas explicita-se nessas derivas que, ratificando-as, impulsionam a construção de outros valores: os livros e as práticas de leitura passam a valorizar outros objetos e outras práticas, em cenografias que aproximam o "mundo dos livros" de outros mundos, por assim dizer. O que efetivamente dá notícias, entre outras coisas, da força do consenso construído.

É certo que o capital simbólico está constituído: ler está na moda, o livro está na roda, em diversas rodas. E ainda que se pense que essas derivas são deturpações, distorções ou oportunismos poderemos argumentar com o que nos diz Pierre Bourdieu: se, quando se põe em circulação um bem cultural, não se cria, ao mesmo tempo, a crença na importância desse bem cultural, não se pôs nada em circulação (Chartier, 1996: 239-40 et passim).

Se concordamos com isso, é fácil ver que, para produzir uma política pública nesse campo, será preciso entender como se constrói o consenso sobre a importância emancipatória da leitura, um consenso que se refaz a todo momento recobrindo dissensões. Um consenso que se refaz a cada movimento de alteridade, a cada polêmica que se institui, a cada elemento que deriva das fórmulas básicas.

Para encerrar, comento brevemente dois dados da pesquisa Retratos da Leitura no Brasil 2007, que apontam para "imprevistos" que constituem as práticas no "mundo dos livros". O primeiro deles é um cruzamento de dados que permite inferir que o brasileiro lê muito mais livros emprestados do que comprados, c pouco toma emprestado de bibliotecas, embora frequentemente saiba indicar uma biblioteca próxima; isso faz os números de mercado e os números dos sistemas de bibliotecas serem diferentes do que se constata em pesquisas sobre práticas sociais. Outro dado que também dá o que pensar é que o livro mais indicado como a leitura que marcou a vida, apontado por leitores de várias faixas etárias, é *O sítio do picapau-amarelo* – que não é um livro, mas um *topos* construído por um conjunto de livros de Monteiro Lobato e filmado para televisão em diferentes períodos.

Enfim, examinando a circulação dessas fórmulas e suas derivas, verificamos o que Maingueneau chama de *interincompreensão regrada*:

> Na realidade, dado que a relação com o Outro é constitutiva, ela é apenas um aspecto do funcionamento da formação discursiva que se encontra especificado da maneia que decorre disso. Não existe relação polêmica "em si": a relação com o Outro é função da relação consigo mesmo (2005: 108).

Nesses variados posicionamentos, com suas flutuações, oposições e mesmo estereotipias, as identidades discursivas efetivamente se formulam – aqui, vimos que há diferentes identidades que se apoiam numa crença sobre a importância do livro e da leitura como meios de emancipação, sendo a emancipação dada como imprescindível –, mas, norteados por esse grande sistema de preconstruídos, os mais diversos posicionamentos animam confluências que, em sua dinâmica, produzem um *efeito de consenso*. Efeito que parece necessário, condição fundamental para a implantação de ações duradouras, mas possivelmente só será útil de fato (e democrático, se se quiser) se for considerado em sua heterogeneidade irredutível.

Notas

1 "Vivaleitura" é o nome dado no Brasil ao Ano Ibero-americano da Leitura, comemorado em 21 países da Europa e das Américas em 2005. Aprovado, em 2003, pela Cúpula dos Chefes de Estado dos países ibero-americanos, é coordenado pela Organização dos Estados Iberoamericanos (OEI), Centro Regional para o Fomento do Livro na América Latina e Caribe (Cerlalc), Unesco e governos dos países da região. No caso do Brasil, pelo governo federal, através dos Ministérios da Cultura e da Educação e pela Assessoria Especial da Presidência da República.

O "Vivaleitura" é, assim, uma grande mobilização nacional para que 2005 seja marco para o início de um gigantesco esforço de todos para que o Brasil implemente uma Política Nacional do Livro, Leitura e Bibliotecas com a dimensão demandada pelo país. E dê, dessa forma, o grande salto necessário para construir uma nação de cidadãos leitores.

Governos (federal, estaduais e municipais), escolas, professores, bibliotecários, escritores, editores, livreiros, organizações não governamentais, meios de comunicação, empresas privadas e todos aqueles que veem a leitura como uma questão estratégica para a nação, inclusive para promover inclusão e cidadania, estão sendo convocados para deflagrar um grande movimento nacional [...]" (Disponível em: <http://www.vivaleitura.com.br>. Acesso em: 25 mar. 2010)

2 Disponível em: <http://www.observatoriodolivro.org.br>. Acesso em: 25 mar. 2010.

3 "Saber ler é uma exigência das sociedades modernas. Há, contudo, uma importante diferença entre saber ler e a prática efetiva da leitura. Se a habilidade de leitura é uma necessidade pragmática e permite a realização inclusive de atividades básicas, como deslocar-se de um ponto a outro, fazer compras e realizar tarefas cotidianas, entre outras ações, a prática da leitura é importante instrumento para o exercício da cidadania e para a participação social. Foi para estimular isso que, em 13 de maio de 1992, através do Decreto Presidencial n. 519, instituiu-se o Programa Nacional de Incentivo à Leitura (Proler), vinculado à Fundação Biblioteca Nacional, órgão do Ministério da Cultura. O Decreto n. 4.819, de 16 de agosto de 2003, que aprovou o novo Estatuto da FBN, veio fortalecer os objetivos do programa. O Proler tem sua sede na Casa de Leitura, situada no bairro de Laranjeiras, Rio de Janeiro." (Disponível em: <http://www.bn.br/proler>. Acesso em: 25 mar. 2010)

4 Disponível em: <http://www.bndes.gov.br>. Acesso em: 25 mar. 2010.

5 Disponível em: <http://www.prolivro.org.br>. Acesso em: 25 mar. 2010.

6 O Plano Nacional do Livro e Leitura (PNLL) estrutura-se em quatro eixos: 1. Democratização do acesso; 2. Fomento à leitura e à formação de mediadores; 3. Valorização do livro e comunicação; 4. Desenvolvimento da Economia do Livro. (Disponível em: <http://www.pnll.gov.br>. Acesso em: 25 mar. 2010)

Referências

CHARTIER, R. (org.). Práticas de leitura. Trad. Cristiane Nascimento, rev. Angel Bjadsen. São Paulo: Estação Liberdade, 1996.

HOLLANDA, H. B. A poesia no poder – Entrevista com Waly Salomão. *Portal literal*, Rio de Janeiro, 3 fev. 2003. Disponível em: <http://portalliteral.terra.com.br>. Acesso em: 25 mar. 2010.

KRIEG-PLANQUE, A. *A noção de "fórmula" em análise do discurso*: quadro teórico e metodológico. Trad. Salgado e Possenti. São Paulo: Parábola, 2010.

MAINGUENEAU, D. *Gênese dos discursos*. Trad. Sírio Possenti. Curitiba: Criar, 2005.

SALGADO, L. S. *Ritos genéticos no mercado editorial*: autoria e práticas de textualização. Campinas, 2007. Tese (Doutorado em Linguística) – Instituto de Estudos da Linguagem, Universidade Estadual de Campinas. Disponível em: <http://libdigi.unicamp.br>. Acesso em: 25 mar. 2010.

Racionais MCs: uma enunciação aforizante

Ana Raquel Motta

Para além (ou aquém) da paremiologia

Venho, já há alguns anos, buscando compreender, com as ferramentas da Análise do Discurso, o funcionamento discursivo do rap nacional, em especial do grupo de rap paulistano Racionais MCs.[1] Analisando a heterogeneidade enunciativa e o imbricamento de vozes que compõem as práticas discursivas desse grupo, uma hipótese que me pareceu profícua foi a de que a citação, os enunciados destacáveis, a aforização, a parêmia ocupavam um espaço central no *corpus*. Através desses elementos, parecia que eu realmente chegaria a uma compreensão e explicitação do discurso que me propus analisar.

Meu procedimento inicial foi selecionar, no *corpus* composto pelos LPs, CDs e DVD do grupo, provérbios e tudo o que me parecesse uma enunciação destacável, aforizante. Nesse processo, tive uma surpresa ambígua: tudo parecia destacável! Ambígua porque, pelo lado negativo, tornava minha proposta de pesquisa confusa e inexequível. Pelo lado positivo, indicava que eu havia chegado a um ponto importante enquanto analista desse material.

Procurei sair desse impasse através do estudo da paremiologia e da destacabilidade. Deparei-me com um campo relativamente novo para a Análise do Discurso, e que pode ser uma abordagem interessante, considerando que os enunciados destacáveis e já destacados, bem como os provérbios e as frases fixas em geral, podem esclarecer aspectos importantes das discursividades. Sem dúvida, as análises a que pude chegar indicam a importância da ocorrência de formas cristalizadas no *corpus*. No entanto, essas análises também apontam que há, nos Racionais MCs, um funcionamento semelhante ao das formas cristalizadas que ultrapassa a fronteira da inserção de provérbios, frases fixas de sabedoria, citações bíblicas, dentre outras formas fixas. Mais que uma citação ou um uso, as análises apontam para um funcionamento, uma regra mais geral que produz o efeito de sentido de grande incorporação das formas cristalizadas, atenuando a mudança de tom que sempre é ressaltada como característica desse tipo de inserção em outros tipos de *corpus*.[2]

Analisando o *corpus*, mantém-se a impressão de que aquelas que não são formas breves já cristalizadas em língua poderiam ser, seguindo critérios linguísticos e também discursivos. Portanto, o material pede que se vá além (ou aquém) do campo paremiológico, a fim de verificar um funcionamento não restrito à citação, que dilui a fronteira entre as falas atribuídas a um enunciador coletivo e as falas relativamente "novas". Por um certo viés de interpretação, essa abordagem iria além do campo paremiológico, uma vez que não se restringe a ele. Trata-se de um princípio mais geral. Olhando por outro viés, essa abordagem procura um aquém desse campo, pois vai buscar um funcionamento discursivo anterior, que não necessariamente terá como forma material "final" um provérbio, frase ou expressão fixa. O que permitiria afirmar que minha abordagem está aquém do campo paremiológico, pois os enunciados resultantes dessa maneira de enunciar nem sempre chegam a provérbio, frase ou expressão fixa, embora compartilhem um mesmo efeito.

Para entender em que pode consistir esse funcionamento mais geral, dois textos recentes de Maingueneau, que tratam de enunciados destacados de seu co(n)texto original, são um bom embasamento teórico. O primeiro é "Citação e destacabilidade", publicado em *Cenas da enunciação* (Maingueneau, 2006). O segundo é a conferência que o autor apresentou no V Congresso Internacional da Abralin, "L'enonciation aphorisante" (Maingueneau, 2007), e que foi publicada em seus *Anais*. Nesses textos, Maingueneau indica um princípio mais amplo de aforização, que envolveria inclusive a parêmia. A análise da aforização pode iluminar caminhos para a compreensão e explicitação do funcionamento discursivo dos Racionais MCs. Um dos pontos principais nessas práticas discursivas é ser citável, memorizável, destacável. Não sem razão, um dos principais recursos artísticos composicionais do rap é o *sample*: recorte de fala, canção, elemento de trilha sonora ou, na maioria das vezes, verso(s) de outro rap. Acredito que a análise de um *corpus* específico pode conferir consistência e aumentar o suporte empírico para a teoria da enunciação aforizante, que é bastante nova e ainda pouco especificada. A destacabilidade é um conceito capaz de abarcar tanto fenômenos típicos da heterogeneidade enunciativa, como a citação, quanto a enunciação proverbial (em sua forma cristalizada ou em suas paródias). E também põe em relevo um funcionamento enunciativo: as diversas formas com que um texto destaca alguns enunciados, o que possibilita uma análise não restrita ao que já é historicamente destacado.

Citação, destacabilidade e enunciação aforizante

"Citação e destacabilidade" (Maingueneau, 2006: 72) analisa os enunciados curtos que circulam na sociedade com "significante e significado [...] considerados no interior de uma organização pregnante", o que, nos termos de Kleiber (2000), equivaleria a dizer que circulam como denominação. Maingueneau afirma que não é suficiente verificar como os enunciados destacados funcionam em outros textos, que não os seus de origem. Mais que isso, é possível selecionar, em textos variados, enunciados que se apresentam como *destacáveis*, nas palavras do autor, "fadad[o]s ao destaque" (2006: 73).

Dentre essas características, ser genérico, metafórico, com estrutura pregnante são elementos que indicam que "a esse respeito, a prosa romanesca está em desvantagem em relação à poesia regular, que mantém naturalmente uma relação privilegiada com a destacabilidade" (2006: 73). Maingueneau relaciona a genericidade à capacidade do enunciado de ser "reutilizável". Para tanto, é preciso também que ele seja facilmente memorizável, para estar disponível em outras situações enunciativas. No entanto, como o foco do autor nesse texto é a destacabilidade, não analisará os provérbios, as frases já destacadas que são atribuídas a um sujeito universal.

Sua exposição se inicia pela menção às máximas heroicas, que se apresentam como inéditas, mas que, de algum modo, são percebidas como memoráveis – na formulação de Maingueneau, "um enunciado digno de ser consagrado, antigo de direito e novo de fato" (2006: 74). Essas frases combinam duas propriedades aparentemente paradoxais:

1) Elas devem ser percebidas como inéditas;
2) Elas devem ser percebidas como imemoriais (2006: 74).

Desse modo, "esse tipo de fórmula [...] ultrapassa a si mesma no exato momento em que se enuncia: primeira enunciação, ela retém de alguma forma em si mesma sua repetição ulterior, ela se comemora ao se inaugurar" (2006: 75). O autor associa essas máximas à figura do herói. Enunciadas com um *ethos* adequado, caracterizam, juntamente com essa figura, o estatuto de exemplar do herói.

Há algumas maneiras de um texto indicar as passagens destacáveis: fazendo delas um título; dando-lhes uma posição de destaque (por exemplo, início ou fim do texto); compondo-as com estrutura genérica; dotando-as de elementos pregnantes (memorizáveis); através do metadiscurso (por exemplo: "essa verdade essencial...").

Ao tratar das máximas filosóficas, Maingueneau considera que elas atuam em dois planos diferentes: por um lado, são relativamente autônomas em relação a seu cotexto, facilmente destacáveis. Por outro, são parte de um texto maior, que provavelmente condensam e para o qual constituem uma porta de entrada. Além de visarem a repetição, como a sentença do herói, elas visam o comentário, daí seu uso como temas a serem glosados em dissertações e aulas.

Depois dos exemplos de *destacabilidade* fornecidos pela sentença do herói e pela máxima filosófica, o autor se dedica a mostrar que o fenômeno é mais amplo, através do conceito de *sobreasseveração*, que englobaria todas as situações em que uma sequência breve sobressai em um texto. Normalmente as sequências sobreasseveradas já se encontram em posição de destaque no texto; são uma tomada de posição no campo discursivo e implicam uma amplificação da figura do enunciador.

Numerosos são os exemplos contemporâneos na mídia. Observando qualquer jornal impresso, vemos o fenômeno aparecer nas manchetes, lides, chamadas, quadros de destaque e, obviamente, em seções como "frases" ou "frases da semana". Scadelai (2008) pesquisa o fenômeno na imprensa brasileira, através de trechos de entrevistas que são destacados (e comentados) pelos jornalistas nas notícias que escrevem. A autora mostra que os trechos escolhidos para destaque são discursivamente relevantes, definindo um posicionamento do jornalista e/ou do jornal. O *corpus* analisado por Scadelai ilustra bem a distinção de Maingueneau entre os enunciados *destacáveis* e os efetivamente *destacados*. E todos conhecemos casos em que o que fora destacado é posteriormente questionado pelo autor da sentença, e a alegação de que o que foi destacado estava "fora de contexto" e, por isso, teve seu sentido modificado é a mais comum.

Maingueneau conclui esse artigo com a diferenciação entre a lógica de *sobreasseveração*, que põe em relevo determinada sequência sobre um fundo textual, e a lógica da *aforização* (ou *destaque aforizante*), que atribui um novo estatuto à enunciação.

A lógica da *aforização* será retomada na conferência de 2007 (Maingueneau, 2007), como uma proposta de descrever o funcionamento dos enunciados destacados, fenômeno que considera não ter sido explicado suficientemente com o conceito de *sobreasseveração*.

Nessa conferência, o autor pretende analisar o funcionamento dos enunciados destacados. Propõe uma primeira distinção, entre os enunciados que se encontram à parte de todo contexto original (o que é o caso de todas as formas sentenciosas, com ou sem autor identificado) e os destacamentos de um texto particular, quando há citações. No entanto, nem todas as citações são enunciações aforizantes. É preciso que sejam breves (normalmente se restringindo ao limite de uma frase), recebendo "diversos nomes em seu uso: 'fórmulas', 'pensamentos', 'máximas'..." (Maingueneau, 2007: 156, tradução nossa).

Retomando a diferença com que encerrara "Citação e destacabilidade", o autor novamente sublinha as situações em que o que é destacado como enunciação aforizante não corresponde exatamente ao que havia sido enunciado no texto de origem. Deste modo, reafirma que é preciso separar a sobreasseveração, que, por mecanismos linguísticos, destaca um enunciado de seu fundo textual – o que faz de um enunciado *destacável* –, da enunciação aforizante, que já se compõe de enunciados *destacados*.

Maingueneau caracteriza a aforização como um fenômeno "não totalmente estranho ao sistema linguístico", no que parcialmente discordaria da postulação de Anscombre (2000), que vê nos enunciados parêmicos (que são um tipo de aforização, nos termos de Maingueneau) um subsistema do sistema da língua. Maingueneau cita o artigo "A frase nominal", de Benveniste (1976) – que também foi rapidamente evocado por Anscombre quando este falou do pouco valor dado ao provérbio pelos estudos linguísticos em geral, que seria decorrente, entre outros fatores, do pouco valor dado à frase nominal. Benveniste, com este artigo, inaugura um novo paradigma para o estudo da frase nominal, não a considerando como uma versão incompleta da frase verbal com o verbo "ser".

O estudo de Benveniste é citado e discutido por Maingueneau, que considera as frases nominais como marcas linguísticas ligadas à enunciação aforizante. Cabe ressaltar que Benveniste limita esta sua análise a um tipo de língua, o tipo indo-europeu, baseando sua argumentação no grego antigo. Para ele, o valor próprio da frase nominal consiste na "não-variabilidade da relação implicada entre o enunciado linguístico e a ordem das coisas. Se a frase nominal pode definir uma 'verdade geral', é porque exclui toda forma verbal que particularizaria a expressão" (1976: 181).

Por não indicar nem tempo, nem modo, nem pessoa, nem aspecto, a frase nominal cumpre uma função ligada às verdades permanentes, contrastando com as frases que contêm o verbo "esti", ligadas a um valor circunstancial. Em sua análise, Benveniste atestou uma presença forte da frase nominal na poesia sentenciosa e, por contraste, uma presença forte da frase com "esti" na prosa narrativa (histórica). Analisando a questão em Homero, concluiu que, como obra compósita, nos trechos sentenciosos, discursivos, em que se exprimiam enunciados com estatuto de "verdades absolutas", o uso da frase nominal era frequente. Já nos trechos narrativos, particularizantes, descritivos de uma maneira de ser ou de uma situação, abundavam as frases com "esti".

O mesmo contraste aparece quando se trata de exprimir a posse: quando esta é permanente, "eterna", absoluta, é expressa pela frase nominal. Quando ela é atual ou circunstancial, a estrutura linguística usada é a frase com "esti".

Benveniste propõe uma importante relação da frase nominal com o campo paremiológico, que fica clara na seguinte passagem (aliás, citada também por Maingueneau em sua conferência):

> A frase nominal, sendo adequada para asserções absolutas, tem valor de argumento, de prova, de referência. É introduzida no discurso para agir e convencer, não para informar. É, fora do tempo, das pessoas e da circunstância, uma verdade proferida como tal. É por isso que a frase nominal convém tão bem a essas enunciações, nas quais, aliás, tende a confinar-se – sentenças ou provérbios – depois de haver conhecido maior flexibilidade (1976: 179).

Desse estudo de Benveniste, outro aspecto importante apontado por Maingueneau é que, por ser não embreada, a responsabilidade da frase nominal não recai diretamente sobre seu enunciador, é um enunciado de autoridade, atribuído "a uma instância que não coincide com o produtor empírico do enunciado" (Maingueneau, 2007: 160, tradução nossa).

Talvez por seu *corpus* principal de análises não ser enunciado em uma língua que distinga "ser/estar", Maingueneau (2007) não menciona a questão com que Benveniste encerra seu artigo, fundamental para a abordagem da frase nominal nos textos em português. Benveniste afirma que, apesar da diferenciação "frase nominal/frase com esti", do indo-europeu, não ser um traço comum nas línguas indo-europeias modernas, pode haver "uma manifestação renovada de um traço que marcou profundamente a sintaxe indo-europeia" (1976: 182). Ele cita como exemplo dessa renovação da distinção "frase nominal/frase com esti" a diferenciação do espanhol para "ser e estar". E indica que "não é fortuito, sem dúvida, o fato de que a distinção entre *ser*, ser de essência, e *estar*, ser de existência ou circunstância, coincide em ampla medida com a que indicamos entre a frase nominal e a frase verbal para um estado linguístico muito mais antigo" (1976: 182).

Para analisar o fenômeno dos enunciados destacados, Maingueneau (2007) distingue dois regimes de enunciação: a *enunciação aforizante* e a *enunciação textualizante*, sendo que a segunda "inscreve cada enunciado no panorama global de um texto relevante de um gênero de discurso [...]. Por outro lado, a primeira não faz parte da lógica do gênero do discurso" (p. 160, tradução nossa). E acrescenta que

> [...] o enunciado aforizado não se deixa fechar na geometria usual, que faz da frase um constituinte do texto, ele mesmo ligado a um gênero do discurso, única realidade para os locutores. A enunciação aforizante institui uma cena de fala em que não há interação entre dois protagonistas colocados sobre um mesmo plano: a instância responsável pela enunciação aforizante se encontra alhures (2007: 161, tradução nossa).

O autor adverte que "não fazer parte da lógica de um gênero de discurso" não quer dizer que os enunciados aforizados estejam fora do discurso, pois não existe enunciação fora dos gêneros. Apenas é preciso observar quais as motivações discursivas para que seja empregado um enunciado aforizado, que tem a pretensão e provoca o efeito de sentido de ser uma "palavra absoluta". Deste modo, é preciso analisar a tensão entre a enunciação aforizante pretender-se fora de todo texto e o enunciado estar efetivamente em um texto que o cita.

Maingueneau ressalta o aspecto de citação e repetição das aforizações e se propõe a investigar se haveria as que são "primitivas", isto é, não são repetições. Considera que somente casos bem delimitados, como a resposta enigmática de um adivinho ou guru, poderiam ser considerados como uma "autocitação original" (2007: 162). Defendo que o que ocorre nos raps dos Racionais MCs é em parte semelhante a essa "autocitação original", e que acredito que esse fenômeno não é tão raro e específico assim, podendo ser visto frequentemente na canção popular, especialmente no rap, quando este se põe como sentencioso.

"Sua moral não se ganha, se faz"

É possível analisar alguns princípios de destacabilidade e aforização operando nos raps.[3] Em primeiro lugar, cabe ressaltar o uso do *sample*, recurso característico do rap e que permite a "citação" de um enunciado verbal, trecho de música ou som de trilha sonora em seu formato original. Esta citação, embora conserve a materialidade original do texto aforizado, o ressignifica, pois o insere em outro cotexto e, algumas vezes, em outro discurso. O diálogo final de "Homem na estrada"[4] é um bom representante dessa citação que ressignifica o trecho destacado. Esse rap conta a história de um ex-presidiário que cumpriu sua pena e foi libertado. O drama desse homem e seu esforço para viver longe do crime, apesar do estigma social, são narrados por Mano Brown. Ao final do rap, o homem, embora fosse inocente, é morto pela polícia em sua casa, enquanto dormia. Há, então, o seguinte *sample* da voz de um repórter:

> *Repórter* – Homem mulato aparentando entre vinte e cinco e trinta anos é encontrado morto na estrada do M'Boi Mirim sem número, tudo indica ter sido acerto de contas entre quadrilhas rivais. Segundo a polícia, a vítima tinha vasta ficha criminal...

Nesse caso, o trecho de reportagem de rádio é inserido para ser desmascarado: o homem, de quem acompanhamos a história, não foi *encontrado morto* pela polícia em uma estrada, e sim foi morto pela polícia enquanto dormia em sua casa. Não foi um *acerto de contas entre quadrilhas rivais*, e sim uma execução sumária. Reforçando a distância entre o posicionamento discursivo dos Racionais e o que fala o repórter, não há, nas letras de rap ou nas entrevistas que o grupo dá, o uso da palavra *mulato* para falar de afrodescendentes, os Racionais usam "preto", "negro" ou "descendente negro". Esse *sample* está, portanto, apartado do discurso do rap, é a fala do outro, que é inserida para ser desmoralizada.

Mas não é esse tipo de uso do *sample* o mais frequente nem o mais relevante para caracterizar um funcionamento discursivo aforizante, marca dos Racionais. Cabe falar do uso do *sample* no fio enunciativo, e de que funcionamento esse uso participa.

No mesmo "Homem na estrada" há um exemplo de *sample* integrado e integrador:

> *Brown* – Um pedaço do inferno: aqui é onde eu estou
> Até o IBGE passou aqui e "nunca mais voltou"

em que os versos são cantados por Mano Brown, mas a frase *e nunca mais voltou* vem na voz de Tim Maia, sampleada por KLJay da canção "Ela partiu",[5] destacada, portanto, de seu cotexto original. Nesse uso, apesar de a frase ser ressignificada – quem nunca mais voltou não é a amada, como em Tim Maia, mas o IBGE –, ela está totalmente integrada rítmica e rimicamente, e também ideologicamente. Afinal, Tim Maia, junto com Jorge Ben, é considerado por esta comunidade discursiva como o principal antecessor musical brasileiro para o rap nacional.

O que acontece com o *sample* de Tim Maia acontece também com outros rappers nacionais, que fazem parte dessa comunidade discursiva, e também com autocitação. Muitas vezes os Racionais sampleiam a si próprios, inserindo em um rap um trecho de outro, no novo fio enunciativo. É o que ocorre, por exemplo, em "Na fé firmão":[6]

> *Rock* – É mais difícil do que ele pensou
> Tem que ser malandro pra ficar de pé e fazer "gol"

em que Edi Rock canta o trecho, mas a palavra gol é inserida por KLJay em um *sample* na voz do próprio Edi Rock, retirada originalmente de "Capítulo 4, Versículo 3":[7]

> *Rock* – Ou um da família real de negros como eu sou
> Um príncipe guerreiro que defende o gol

Através da autocitação e da citação de trechos de raps, bases musicais, *riffs* e canções de outros artistas que, de algum modo, fazem parte dessa comunidade discursiva, os Racionais se posicionam como conhecedores do campo, ao mesmo tempo em que geram "a memória interna dos próprios textos e atividades passadas e reorient[am-nas] em função de um futuro. Quanto mais se enriquece a Opus, tanto mais importante se torna essa função de regulação" (Maingueneau, 2006: 143).

Por fim

Através de sua enunciação, um discurso realiza aquilo que ideologicamente o constitui. Enunciar em provérbios e aforizações é fortalecer a coletividade. Usar *samples*, autocitar-se e citar outros rappers é iniciar a retomada ilimitada de um discurso que se apresenta como já-dito; nas palavras de Maingueneau, que "se comemora ao se inaugurar" (2006: 75). Fortalecer o eu-coletivizado passa por enunciar de modo sentencioso, representando seus enunciados como um "como dizem". E esse funcionamento, nos Racionais MCs, vai além de utilização ou citação de formas linguísticas fixas, constituindo um verdadeiro funcionamento discursivo aforizante.

Notas

1 Refiro-me aqui aos meus trabalhos de maior fôlego: o mestrado (Motta, 2004) e, principalmente, o doutorado (Motta, 2009), realizado com bolsa da Fapesp, do qual foram retiradas as reflexões e análises que compõem este capítulo.

2 Proposto primeiramente por Greimas (1975), este postulado parece ter sido corroborado por todos os estudos paremiológicos que vieram depois.

3 O texto "Sua moral não se ganha, se faz", trata-se de uma passagem de "Pânico na zona sul", dos Racionais MCs, 1990.

4 Gravado pelos Racionais MCs em 1993.

5 Esse *sample* foi também analisado por Garcia (2003).

6 Gravado pelos Racionais MCs em 2002.

7 Gravado pelos Racionais MCs em 1997.

Referências

Anscombre, J-C. Parole proverbiale et structures métriques. In: *La parole proverbiale*. Paris: *Langages*, n. 139, set./2000, pp. 6-26.

Benveniste, E. A frase nominal. In: Benveniste, E. *Problemas de linguística geral*. Tradução Maria da Glória Novak e Luiza Neri. São Paulo: Companhia Editora Nacional/Editora da Universidade de São Paulo, 1976, pp. 163-82.

Garcia, W. Ouvindo Racionais MCs. *Teresa – Revista de literatura brasileira 4/5 Literatura e Canção*. São Paulo: FFLCH-USP/Editora 34, 2003.

Greimas, A. J. Os provérbios e os ditados. Tradução Katia Harim Chalita. In: Greimas, A. J. *Sobre o sentido*: ensaios semióticos. Petrópolis: Vozes, 1975, pp. 288-95.

Kleiber, G. Sur le sens des proverbes. In: *La parole proverbiale*. Paris: *Langages*, n. 139, set./2000, pp. 39-58.

Maingueneau, D. Citação e destacabilidade. Tradução Roberto Leiser Baronas. In: Possenti, Sírio; Souza-e-Silva, Maria Cecília Perez de (orgs.). *Cenas da enunciação*. Curitiba: Criar, 2006, pp. 72-90.

______. L'enonciation aphorisante. In: Christófaro Silva, T.; Mello, H. R. *Conferências do V Congresso Internacional da Associação Brasileira de Linguística*. Belo Horizonte: Editora da Faculdade de Letras da Universidade Federal de Minas Gerais, 2007.

Motta, A. R. *"A favela de influência"*: uma análise das práticas discursivas dos Racionais MCs. Dissertação (Mestrado em Linguística). Instituto de Estudos da Linguagem. Universidade Estadual de Campinas.

______. *Heterogeneidade e aforização*: uma análise do discurso dos Racionais MCs. Campinas, 2009. Tese (Doutorado em Linguística), Instituto de Estudos da Linguagem, Universidade Estadual de Campinas.

Racionais MCs. *1000 Trutas, 1000 Tretas*. São Paulo: Cosa Nostra, 2006. (cd e dvd).

______. *Nada como um dia após o outro dia.* São Paulo: Cosa Nostra, 2002. (cd duplo)

______. *Sobrevivendo no inferno.* São Paulo: Cosa Nostra, 1997. (cd)

______. *Raio X do Brasil.* São Paulo: Zimbabwe Records, 1993. (lp)

______. *Escolha seu caminho.* São Paulo: Zimbabwe Records, 1992. (lp)

______. *Holocausto urbano*. São Paulo: Zimbabwe Records, 1990. (lp)

Scadelai, E. *Ethos* e comentário de fala na notícia impressa. In: Motta, A. R.; Salgado, L. *Ethos discursivo*. São Paulo: Contexto, 2008, pp. 185-94.

Os autores

As organizadoras

Ana Raquel MOTTA – professora dos cursos de Letras e Pedagogia da PUC-Campinas, é mestre e doutora em Linguística pelo Instituto de Estudos da Linguagem (IEL-Unicamp). Pesquisadora do Centro de Pesquisa Fórmulas e Estereótipos: teoria e análise (FEsTA), com sede no IEL-Unicamp. Entre outras publicações, participou da organização de *Ethos discursivo*, coletânea publicada pela Contexto.

Luciana SALGADO – professora do Departamento de Letras da Universidade Federal de São Carlos – Ufscar, é mestre em linguagem e ciência pela FE-USP, doutora em Linguística pelo Instituto de Estudos da Linguagem (IEL-Unicamp), com estágio de pós-doutorado no Departamento de Linguística da FFLCH-USP. Dedica-se à pesquisa sobre autoria e leitura. É membro do Centro de Pesquisa Fórmulas e Estereótipos: teoria e análise – FEsTA, sediado na Unicamp, e participou da organização de *Ethos discursivo*, coletânea publicada pela Contexto.

Os autores

Alice KRIEG-PLANQUE – professora de Ciências da Informação e da Comunicação na Université Paris-Est Créteil, é membro do Centre d'Etude des Discours, Images, Textes, Ecrits et Communications (Ceditec). Sua pesquisa se concentra nos discursos políticos, midiáticos e institucionais contemporâneos, que são analisados articuladamente, com base em uma proposta metodológica que aproxima categorias linguísticas e discursivas dos estudos comunicacionais.

Conceição FONSECA-SILVA – doutora em Linguística pelo Instituto de Estudos da Linguagem (IEL-Unicamp), é professora titular do Departamento de Estudos Linguísticos e Literários da Universidade Estadual do Sudoeste da Bahia, onde atua na área de Análise de Discurso, na graduação e pós-graduação.

Dominique MAINGUENEAU – professor de Linguística na Université Paris-Est Créteil, é membro do Centre d'Etude des Discours, Images, Textes, Ecrits et Communications – Ceditec. Autor de diversos livros que tratam da epistemologia da Análise do Discurso, é codiretor, com Patrick Charaudeau, do *Dicionário de análise do discurso* e autor, entre outras publicações, do volume *Discurso literário*, ambos editados no Brasil pela Contexto.

Edvania GOMES DA SILVA – mestre e doutora em Linguística pelo Instituto de Estudos da Linguagem (IEL-Unicamp), é professora adjunta da Universidade Estadual do Sudoeste da Bahia (UESB), professora efetiva do Mestrado em Memória: Linguagem e Sociedade (Capes/UESB) e membro do Grupo de Pesquisa em Análise de Discurso (GPADIS/CNPq/UESB). Sua pesquisa se concentra em Análise de Discurso, com ênfase nos seguintes temas: discurso religioso, semântica global e interdiscurso.

Fabiana MIQUELETTI – mestre e doutora em Linguística pelo Instituto de Estudos da Linguagem (IEL-Unicamp), foi professora na Universidade Federal de São Carlos. Atualmente, dedica-se a pesquisas nas áreas de linguagem e Educação a Distância. Atua na formação de professores e gestores para o ensino a distância no programa Universidade Aberta do Brasil (UAB), na Universidade de Brasília (UNB/FEFE).

Fernanda MUSSALIM – professora doutora do Instituto de Letras e Linguística da Universidade Federal de Uberlândia (UFU), atua na graduação e na pós-graduação nas áreas de Análise do Discurso e Teorias Linguísticas. É líder do grupo de pesquisa Círculo de Estudos Discursivos e participa como pesquisadora do Centro de Pesquisa Fórmulas e Estereótipos: teoria e análise – FEsTA, sediado na Unicamp.

Fernando Curtti GIBIN – mestrando em Linguística no Programa de Pós-Graduação em Linguística da Universidade Federal de São Carlos (UFSCAR).

Marcela Franco FOSSEY – mestre em Linguística pelo Instituto de Estudos da Linguagem, IEL–Unicamp, foi pesquisadora do Núcleo Interinstitucional de Linguística Computacional (NILC-USP/UFSCAR/Unesp-Araraquara) e atuou na formação de professores em cursos do Teia do Saber e do Cefiel (IEL-Unicamp/MEC). Atualmente desenvolve sua pesquisa de doutoramento e participa do Centro de Pesquisa Fórmulas e Estereótipos: teoria e análise – FEsTA, sediado na Unicamp.

Roberto Leiser BARONAS – doutor em Linguística e língua portuguesa pela Faculdade de Ciências e Letras (FCL-Unesp), campus Araraquara, é professor do Departamento de Letras e no Programa de Pós-Graduação em Linguística da Universidade Federal de São Carlos (UFSCAR), e no Mestrado em Estudos de Linguagem da Universidade Federal de Mato Grosso (UFMT). Bolsista de Produtividade em Pesquisa do CNPq – nível 2 e pesquisador do Centro de Pesquisa Fórmulas e Estereótipos: teoria e análise – FEsTA, sediado na Unicamp. É editor da Revista de Popularização Científica em Ciências da Linguagem – *Linguasagem* (<http://www.letras.ufscar.br/linguasagem>).

Sírio POSSENTI – professor associado no Departamento de Linguística do Instituto de Estudos da Linguagem (IEL-Unicamp), onde coordena o Centro de Pesquisa Fórmulas e Estereótipos: teoria e análise – FEsTA, estuda *corpora* humorístico, jornalístico e publicitário (especialmente as pequenas frases). Publicou *Discurso, estilo e subjetividade*, *Os humores da língua*, *Por que (não) ensinar gramática na escola*, *Os limites do discurso: questões para analistas do discurso*, *Língua na mídia*, *Malcomportadas Línguas*, *Humor, língua e discurso* (Contexto). Traduziu, entre outros trabalhos de Dominique Maingueneau, *Gênese dos discursos*.

Sonia Lopes BENITES – professora de pós-graduação em Letras na Universidade Estadual de Maringá, desenvolve pesquisas nas linhas de ensino-aprendizagem de línguas e estudos do texto e do discurso. Integra os grupos de pesquisa Grupo de Estudos Político-Midiáticos (Gepomi), na UEM, e FEsTA – Centro de Pesquisa Fórmulas e Estereótipos: teoria e análise, sediado na Unicamp.